21世纪普通高等院校系列教材

会计综合实训

KUAIJI ZONGHE SHIXUN

（第四版）

主　编　喻　强　何定洲　邹　倩

副主编　吴　杉　屈改柳　陈　琸　李聪慧

西南财经大学出版社

中国·成都

21世纪普通高等院校系列规划教材

编　委　会

总序

为推进中国高等教育事业可持续发展，经国务院批准，教育部、财政部启动实施了“高等学校本科教学质量与教学改革工程”（下面简称“本科质量工程”），《国家中长期教育改革和发展规划纲要（2010—2020）》也强调全面实施“高等学校本科教学质量与教学改革工程”的重要性。这是落实“把高等教育的工作重点放在提高质量上”的战略部署，是在新时期实施的一项意义重大的本科教学改革举措。“本科质量工程”以提高高等学校本科教学质量为目标，以推进改革和实现优质资源共享为手段，按照“分类指导、鼓励特色、重在改革”的原则，对推进课程建设、优化专业结构、改革培养模式、提高培养质量发挥了重要的作用。为满足本科层次经济类、管理类教学改革与发展的需求，培养具有国际视野、批判精神、创新意识和精湛业务能力的高素质应用型和复合型人才，迫切需要普通本科院校经管类学院开展深度合作，加强信息交流。在此背景下，我们协调和组织部分高等院校特别是四川的高校，通过定期召开普通本科院校经济管理学院院长联席会议，就学术前沿、教育教学改革、人才培养、学科建设、师资建设和社会科学研究等方面的问题进行广泛交流、研讨和合作。

为了切实推进“本科质量工程”，2008 年的第一次联席会议将“精品课程、教材建设与资源共享”作为讨论、落实的重点。与会人员对普通本科的教材内容建设问题进行了深入探讨并认为，在高等教育进入大众化教育的新时期，各普通高校使用的教材与其分类人才培养模式脱节，除少数 985 高校定位于培养拔尖创新型和学术型人才外，大多数高校定位于培养复合型和应用型经管人才，而现有的经管类教材存在理论性较深、实践性不强、针对性不够等问题，需要编写一套满足复合型和应用型人才培养要求的高质量的普通本科教材，以促进人才培养和课程体系的合理构建，推动教学内容和教学方法的改革创新，形成指向明确、定位清晰和特色鲜明的课程体系，奋力推进经济管理类高等教育质量的稳步提高。与会人员一致认为，共同打造符合高教改革潮流、深刻把握普通本科教育内涵特征、满足教学需求的系列规划教材，非常必要。鉴于此，本编委会与西南财经大学出版社合作，组织了三十余所普通本科院校的经济学类、管理学类的学院教师共同编写本系列规划教材。

本系列规划教材编写的指导思想是：在适度的基础知识与理论体系覆盖下，针对普通本科院校学生的特点，夯实基础，强化实训。编写时，一是注重教材的科学性和前沿性，二是注重教材的基础性，三是注重教材的实践性，力争使本系列教材做到“教师易教、学生乐学、方便实用”。

本系列规划教材以立体化、系列化和精品化为特色。一是除纸质教材外，还建设课件、视频、案例、习题等数字化教学资源；二是力争做到“基础课横向广覆盖，专业课纵向成系统”；三是力争把每种教材都打造成精品，让多数教材能成为省级精品课教材、部分教材成为国家级精品课教材。

为了编好本系列教材，我们在西南财经大学出版社的协调下，经过多次磋商和讨论，成立了首届编委会。首届编委会主任委员由西华大学管理学院院长章道云教授担任。2017 年，由于相关学院院长职务变动，编委会的构成也做了相应调整。调整后的编委会由西南财经大学副校长张邦富教授任名誉主任，蒋远胜教授任主任，李成文教授、张华教授、周佩教授、赵鹏程教授、董洪清教授、傅江景教授任副主任，二十余所院校经济管理及相关学院院长或教授任编委会委员。

在编委会的组织、协调下，该系列教材由各院校具有丰富教学经验并有教授或副教授职称的教师担任主编，由各书主编拟订大纲，经编委会审核后再编写。同时，每一种教材均吸收多所院校的教师参加编写，以集众家之长。自 2008 年启动以来，经过近十年的打造，该系列现已出版公共基础、工商管理、财务与会计、旅游管理、电子商务、国际商务、专业实训、金融经济、综合类九大系列近百种教材。该系列教材出版后，社会反响好，师生认可度高。截至 2017 年年底，已有 30 多种图书获评四川省“十二五”规划教材，多个品种成为省级精品课程教材，教材在西南地区甚至全国普通高校的影响力也在不断增强。

当前，中国特色社会主义进入了新时代，我们要建设教育强国，习近平总书记在党的十九大报告中对高等教育提出明确要求，加快一流大学和一流学科（简称“双一流”）建设，实现高等教育内涵式发展。“双一流”建设的核心是提升学校自身的办学水平，关键是提高人才培养质量和学科建设水平，同时办学声誉得到国际社会的认可。为此，高等学校要更新教育思想观念，遵循教育教学规律，坚持内涵式发展，进一步深化本科人才培养模式改革。而教材是体现高校教学内容和方法的知识载体，是高等院校教学中最基本的工具，也是高校人才培养的基础，因此，高校必须加强教材建设。

为适应“双一流”建设的需要，全面提升高校人才培养质量，构建学术型人才和应用型人才分类、通识教育和专业教育结合的培养制度，满足普通本科院校教师和学生需求，需要对已出版的教材进行升级换代。一是结合教学需要对现有教材进行精心打造。具体而言，贯穿厚基础、重双创的理念，突出创新性、应用性、操作性的特色，反映新知识、新技术和新成果的学科前沿；利用数字技术平台，加快数字化教材建设，打造立体化的优质教学资源库，嵌入可供学生自主学习和个性化学习的网络资源模块。二是根据学科发展的需要，不断补充新的教材，特别是规划旅游类、实训类、应用型教材。

我们希望，通过编委会、主编和编写人员及使用教材的师生共同努力，将此系列教材打造成适应新时期普通本科院校需要的高质量教材。在此，我们对各经济管理学院领导的大力支持、各位作者的智力成果以及西南财经大学出版社员工的辛勤劳动表示衷心的感谢！

21 世纪普通高等院校系列规划教材编委会

2018 年 5 月

第四版前言

会计学是一门应用性很强的学科，会计人才的培养在经历了理论学习之后，还必须强化实践环节的特别训练。21世纪普通高等院校会计专业的培养目标为：培养适应社会发展需要、基础扎实、知识面宽、能力强、素质高的具有会计专业水平，能从事会计实务、会计教育和会计科研的德智体全面发展的通用型专业人才。为了实现这个培养目标，训练会计工作的技能、技巧和方法是会计人才培养的最基本要求，训练动手能力是培养会计人才的必由之路。在现实市场竞争十分激烈的情况下，联系企事业单位让大批量的在校学生去实习几乎是不可能的，因此，学生在就业前的校内模拟实训就显得尤为重要。为实现会计人才的培养目标，解决学生就业前的会计实践训练，我们编写了这本《会计综合实训》教材。

会计综合实训是以培养学生动手能力、实践能力和可持续发展能力为根本宗旨的专业课程。我们按照21世纪普通高等院校系统规划教材的编写原则，结合相关企业大量真实的核算资料进行分析、筛选、补充和完善，并在此基础上根据《企业会计准则》及《企业会计准则——操作指南》的有关规定编写了本书。本书的特点是以企业经济活动背景的真实性为编制基础，逼真地模拟了一个中型企业一个月内的常见会计事项，以期学生通过动手操作，在较短的时间内，掌握会计凭证、会计账簿和会计报表等环节的会计核算过程，使学生将基本会计循环的把握与经济业务的会计处理技能系统相结合，实现由理论向实践的飞跃，为毕业后迅速适应企业会计工作打下良好的基础。

本书作为高等院校财会和管理专业系列教材之一，其第三版在2018年出版发行后，得到了使用者较好的评价。近年来，由于财政部颁布了一系列会计法规，标志着我国与国际财务报告准则趋同的企业会计准则体系正式建立，对于提高我国对外开放程度和加速融入全球经济都具有十分重要的意义。为了及时反映会计法规的变化，将本学科的最新知识引入教学，本教材进行了重新修订。

主要修订内容：①对部分经济业务内容进行了重新编写，以符合最新会计法规的规定，更好地适应会计实务的变化；②对部分原始凭证进行了修订和增删，同时调整了实训资料的时间；③为方便教学和核对，补充和修改了部分参考答案内容；④根据国家税收政策变化，对部分经济业务处理及计算进行了修改。

本书共分为两大部分：第一部分为“手工会计模拟实训资料”，第二部分为“综合实训参考答案和相关附录”。

本教材由成都信息工程大学喻强、何定洲和四川国际标榜职业学院邹倩主编，四川国际标榜职业学院吴杉、四川农业大学屈改柳、广州理工学院陈玮、郑州职业技术学院李聪慧为副主编。本教材的编写分工如下：喻强负责全书的统稿工作，邹倩负责第一章的编写，吴杉负责第二章的编写，李聪慧负责第三章的编写，邹倩、何定洲负责第四章的编写，陈玮负责第五章的编写，屈改柳负责附录的编写。

本教材具有以下特点：一是体现了企业经济业务内容的新和全；二是体现了会计核算程序的系统性和清晰性；三是答案全面，不仅包括了会计分录、会计账户和会计报表及附注，还涉及了“银行余额调节表”和主要税种的“纳税申报表”等。

本教材既可作为财会专业的实训教学用书，也可作为财务会计工作者的参考资料。由于编写时间仓促和编者水平有限，书中难免有不足和疏漏之处，恳请读者予以指正，以便本教材在使用过程中不断完善。

特别说明：增值税是对货物或者提供加工修理修配以及进口货物的单位和个人就其实现的增值额征收的税种，已成为我国最主要的税种之一，占全部税收的60%以上。近年来，我国增值税税率为适应经济的发展仍在不断变化之中，加之本教材中涉及增值税的内容较多。因此，本次修订仍以体现会计核算流程为宗旨，未按现行税率随之修改相应原始凭证及账证表等答案内容，本教材中增值税税率使用17%，敬请使用和关注本教材的读者注意。

编者

2021年6月

目 录

第一章　会计综合模拟实训概论 …………………………………………………… (1)

第一节　会计综合模拟实训综述 ………………………………………………… (1)

一、会计综合模拟实训的必要性 ……………………………………………… (1)

二、会计综合模拟实训的目的 ………………………………………………… (1)

三、会计综合模拟实训的意义 ………………………………………………… (2)

第二节　会计综合模拟实训相关基本知识 ……………………………………… (3)

一、会计工作基本知识 ………………………………………………………… (3)

二、会计核算的一般要求 ……………………………………………………… (4)

三、会计循环 …………………………………………………………………… (4)

四、会计书写规范 ……………………………………………………………… (5)

第二章　会计综合模拟实训程序和组织 ………………………………………… (8)

第一节　会计综合模拟实训程序 ………………………………………………… (8)

一、科目汇总表核算程序 ……………………………………………………… (8)

二、会计综合模拟实训具体操作程序 ………………………………………… (9)

第二节　会计综合模拟实训的组织 ……………………………………………… (9)

一、会计综合模拟实训的步骤 ………………………………………………… (9)

二、会计综合模拟实训考核 …………………………………………………… (10)

三、会计综合模拟实训方式和课时计划 ……………………………………… (10)

四、实训用品 …………………………………………………………………… (11)

第三节　会计综合模拟实训的教学要求 ………………………………………… (11)

一、对实训学生的要求 ………………………………………………………… (11)

二、对实训指导教师的要求 …………………………………………………… (12)

第三章　模拟企业基本情况 ……………………………………………………… (13)

一、企业概况 …………………………………………………………………… (13)

二、企业主要会计核算制度 ……………………………………………………（13）
三、企业内部会计控制制度 ……………………………………………………（18）

第四章　模拟企业期初资料及经济业务 ………………………………………（20）
一、2018 年 11 月 30 日资产、负债、所有者权益总账及明细账余额……（20）
二、2018 年 11 月 30 日资产负债表及 2018 年 11 月利润表…………………（23）
三、经济业务 ……………………………………………………………………（25）

第五章　综合实训参考答案 ……………………………………………………（223）
一、会计分录 ……………………………………………………………………（223）
二、科目汇总表 …………………………………………………………………（232）
三、“T”型账户 …………………………………………………………………（235）
四、会计报表 ……………………………………………………………………（248）
五、会计报表附注 ………………………………………………………………（254）
六、12 月末公司对账单及银行余额调节表 ……………………………………（269）
七、纳税申报表 …………………………………………………………………（270）

附录 ……………………………………………………………………………（275）
一、企业会计准则应用指南——会计科目一览表 ……………………………（275）
二、记账凭证汇总表 ……………………………………………………………（280）
三、会计报表（2018 年版） ……………………………………………………（281）
四、纳税申报表 …………………………………………………………………（297）
五、会计报表附注模板 …………………………………………………………（301）

第一章　会计综合模拟实训概论

第一节　会计综合模拟实训综述

一、会计综合模拟实训的必要性

从学科内容的特点来看，会计是融理论与实践为一体的一种管理活动，它不仅具有科学的理论体系，而且拥有一整套规范的专业运作程序和方法，是一门应用型经济学科。会计教学中的理论联系实际，是会计学科教学改革的重要原则和基本目标。因此，在会计教学中，将会计的基本理论、基本方法、基本技能与会计实践相结合，显得尤为重要，不仅要向学生传授会计理论和会计方法，而且要培养学生运用会计理论和方法来解决会计实际问题的能力；不仅要加强基本理论和基本知识的教学，而且还应强化实践性教学环节，加强基本技能和实际工作能力的训练。因此组织和完善会计综合模拟实训，是由会计学科本身的性质与特点所决定的。

以前，会计专业的学生大多依靠到企事业单位去实习来提高其实践能力。多年的实践证明，到企事业单位去实习，结果往往是流于形式，达不到预期的效果，分析其原因，主要有这样几点：一是会计方面的记录，有很强的严肃性和一定的保密性，接受实习的单位对从未接触过凭证、账册和报表的学生从事这类实习，往往不大放心；二是学生除了书本知识外，既无生产经验，又无社会经验，在实习过程中，事事要实习单位的人带、教，既占用了实习单位财务人员的有效工时，又影响了实习单位的工作效率，企业一般难以接受；三是学生的独立工作、学习能力较弱，自觉性、主动性不强，实习的效果欠佳。这就造成很多毕业生到工作单位后，动手能力差，不能马上适应实际工作的需要。因此，为了提高学生的实践操作能力，缩短学生步入社会的适应期，就有必要在学校建立会计实验室，进行会计综合模拟实训。事实也证明，通过会计综合模拟实训能有效提高学生的实际操作能力。

二、会计综合模拟实训的目的

会计综合模拟实训，主要是通过会计实验室、课堂等场所对学生进行会计核算程序的模拟培训。通过本会计模拟实训训练，应当使学生实现如下目标：

（1）进一步理解财务会计理论知识。通过边实验、边学习、边思考和边总结（写实验报告），把实际操作与所学基本理论和基本知识相结合，达到巩固和提高所学会计核算理论与方法的目的；加强对会计信息系统的认识，掌握会计核算的方法，熟悉会计核算的基本程序，以达到初步具备从事会计工作能力的目的。

（2）初步掌握会计核算程序操作的基本技能，并掌握账务处理流程。通过实训达到能填制和审核原始凭证、编制和审核记账凭证及记账凭证汇总表；能登记总账、明细账和进行账簿的结账及差错更正；能编制试算平衡表和主要会计报表并在此基础上，开展财务分析和纳税申报。

（3）培养作为一名会计人员应具有的认真、细致、兢兢业业、实事求是、踏实肯干的工作作风，树立良好的会计职业道德。

总之，会计模拟实训是会计专业学生从校门走向工作岗位的一次“实践演习”，能为他们毕业后尽快适应财会工作奠定良好的基础。

三、会计综合模拟实训的意义

开展会计综合模拟实训，是进行会计教学改革的有益尝试，也是保证教学质量、培养合格人才的重要一环。其具有以下几方面的意义：

（1）促进理论与实践的结合，缩短会计教学与会计实践的距离，增强学生的实际工作能力。课堂教学内容有一些与实际工作是脱节的，如教学和学生练习时普遍采用会计分录和使用“丁”字账代替记账凭证和账簿，与实际工作中使用的记账凭证、账簿差异较大，容易使学生产生误解。而在会计实训中，凭证、账簿、报表与实际工作中完全一样，在仿真的环境中，有身临其境的感觉，能提高学生的学习兴趣。所以通过会计模拟实训，可以使学生加深对理论知识的理解，开阔视野，提高实际工作能力，使学生毕业后能迅速适应各个会计岗位的要求。

（2）充实完善会计教学内容，进一步提高教学质量。会计综合模拟实训是进行会计教学改革的新探索，它改变了传统会计教学只注重书本知识教育，忽视学生动手能力培养的弊病。所以通过会计模拟实训，能够完善会计教学环节或体系，充实教学内容，能较大程度地提高学生分析问题、解决问题的能力，从根本上改革传统的教学方法。对学生来说，学习印象深、易理解，能增强学生积极性，提高学习效果。

（3）能够较好地解决组织学生到企业实习的各种困难，节约实习经费。组织学生到企业实习存在着联系难、经费花销大、管理难的问题。而在专业老师指导下进行的会计实验室模拟实习，可以人人参与，亲自动手操作，实践性强。并且完整的经济业务设计与仿真的原始凭证、真实的记账凭证和账页，在专业老师的直接指导下进行，与同企业会计人员指导下的实际操作没有什么本质差别。它既达到了企业实习的目的，又克服了上述困难，也有利于学生的集中统一管理。

第二节　会计综合模拟实训相关基本知识

一、会计工作基本知识

1. 会计机构设置

会计机构是各单位办理会计事务的职能部门，建立健全会计机构，配备与工作要求相适应、具有一定素质和数量的会计人员，是做好会计工作，充分发挥会计职能作用的重要保证。根据《中华人民共和国会计法》（以下简称《会计法》）规定，各单位在设置会计机构时要根据本单位会计业务的需要具体决定，一般有三种方法：一是设置专门的会计机构；二是在相关机构中设置会计人员并指定会计主管人员；三是确实不具备设置条件的，应当委托经批准设立从事会计代理记账业务的中介机构代理记账。

2. 会计人员配备

会计人员是直接从事会计工作的人员。一个单位，不论是设置专门的会计机构还是在有关机构中设置会计人员，都要有符合《会计法》要求的会计工作人员并要有至少一位负责人。在设置专门的会计机构的单位，会计机构负责人在单位负责人直接领导下对会计机构的行政和业务负责。国有和国有资产占控股地位或主导地位的大中型企业一般还必须设置总会计师。

3. 会计岗位设置

会计岗位是指从事会计工作，办理会计事项的具体职位。单位应当在会计机构内部建立岗位责任制，实行定人员、定岗位、定职责的管理，明确会计岗位设置及各自的职责范围。大中型企业一般包括以下岗位：①总会计师岗位、会计机构负责人（会计主管人员）岗位；②出纳岗位；③稽核岗位；④资本、基金核算岗位；⑤收入、支出、债权债务核算岗位；⑥工资核算、成本费用核算、财务成果核算岗位；⑦财产物资的收发、增减核算岗位；⑧总账岗位、对外财务会计报告编制岗位；⑨会计电算化岗位；⑩会计档案管理岗位。

4. 会计工作交接

会计工作交接是会计基础工作的一项重要内容，办好会计交接，有利于保持会计工作的连续性，明确各自责任。会计人员调动工作或因故离职必须将本人所经管的会计工作全部移交给接替人员。在办理移交前必须做好以下工作：填制完已受理业务的会计凭证；登记完尚未登记的账目，并在最后一笔余额后加盖经办人员印章；整理应移交的资料，对未了事项写出书面说明；编制移交清册，列明应移交的各种资料和物品。双方交接时，必须由专人负责监交。一般会计人员办理交接，可由会计机构负责人或会计主管负责监交；会计机构负责人或会计主管办理交接，可由单位领导人负责监交，必要时可请主管部门派员会同监交。交接双方按移交清册列明的内容，逐项进行交接。移交时，如发现资产短缺、账目余额不一致，必须查明原因并在移交清册中注明，由移交人负责。交接结束，交接双方和监交人在移交清册上签名或盖章，以明确责任，同时，移交清册由交接双方及单位各执一份，以供核查。接替人员必须继续使用移交的会计账簿，不得中途另立新账。移交人对自己经办且已经移交的会计资料的合法性、真实性仍承担法律责任。

二、会计核算的一般要求

会计核算是通过会计确认、计量、记录、报告等工作，从数量上反映企业和行政事业单位已经发生或完成的经济业务。根据《会计基础工作规范》的规定，企业在进行会计核算时应遵循以下一般要求：

（1）各单位应当按照我国《会计法》和国家统一会计制度的规定建立会计账册，进行会计核算，及时提供合法、真实、准确、完整的会计信息。

（2）各单位发生的下列事项，应当及时办理会计手续、进行会计核算。

（3）各单位的会计核算应当以实际发生的经济业务为依据，按照规定的会计处理方法进行，保证会计指标的口径一致、相互可比和会计处理方法的前后各期相一致。

（4）会计年度自公历1月1日起至12月31日止。

（5）会计核算以人民币为记账本位币。收支业务以外国货币为主的单位，也可以选定某种外国货币作为记账本位币，但是编制的会计报表应当折算为人民币反映。境外单位向国内有关部门编报的会计报表，应当折算为人民币反映。

（6）各单位根据国家统一会计制度的要求，在不影响会计核算要求、会计报表指标汇总和对外报送统一会计报表的前提下，可以根据实际情况自行设置和使用会计科目。行政事业单位会计科目的设置和使用，应当符合国家统一行政事业单位会计制度的规定。

（7）会计凭证、会计账簿、会计报表和其他会计资料的内容和要求必须符合国家统一会计制度的规定，不得伪造、变造会计凭证和会计账簿，不得设置账外账，不得报送虚假会计报表。

（8）各单位对外报送的会计报表格式由财政部统一规定。

（9）实行会计电算化的单位，对使用的会计软件及其生成的会计凭证、会计账簿、会计报表和其他会计资料的要求，应当符合财政部关于会计电算化的有关规定。

（10）各单位的会计凭证、会计账簿、会计报表和其他会计资料，应当建立档案，妥善保管。会计档案建档要求、保管期限、销毁办法等依据我国《会计档案管理办法》的规定进行。实行会计电算化的单位，有关电子数据、会计软件资料等应当作为会计档案进行管理。

（11）会计记录的文字应当使用中文，少数民族自治地区可以同时使用少数民族文字。中国境内的外商投资企业、外国企业和其他外国经济组织也可以同时使用某种外国文字。

三、会计循环

会计循环是企业在一定会计期间内，从取得或填制反映经济业务发生的原始凭证起，到编制出会计报表为止，全面、连续地进行会计处理所必须经历的各个会计工作步骤，具体程序为：

（1）根据日常经济业务发生时收集的原始凭证，分析经济业务的内容；

（2）根据日常经济业务的原始凭证，填制记账凭证；

（3）根据记账凭证登记有关账簿；

（4）期末计算出各账户的发生额合计数和余额，并编制试算平衡表；

（5）期末按照权责发生制的原则进行账项调整和结转有关损益账户；

（6）编制会计报表。

四、会计书写规范

会计书写规范，是指会计工作人员在经济业务活动的记录过程中，对接触的数字和文字的一种规范化书写及书写方法。会计工作离不开书写，没有规范的书写就不能保证会计工作质量。书写规范与否也是衡量一个会计工作人员素质高低的标准，不管电算化发展到何等程度，书写总是财会人员的一项基本技能。因此，规范书写是对财会人员的一项基本要求。

会计书写的内容包括阿拉伯数字的书写和汉字书写两大部分。在一些“三资企业”，有时需用外文记账，外文字母的书写也应当规范。

会计书写基本规范的要求：正确、规范、清晰、整洁、美观。

1. 阿拉伯数字书写规范要求

阿拉伯数字书写要符合手写体的规范要求，应一个一个地写，不得连笔书写。

（1）高度。每个数字要紧贴底线书写，其高度占全格的1/2。除6、7、9外，其他数码字高低要一致。“6”的上端比其他数码字要高出1/4，“7”和“9”的下端比其他数码字伸出1/4。

（2）角度。各数码字的倾斜度要一致，一般要求上端向右倾斜60度。

（3）间距。每个数字大小要一致，数码字的空隙切勿过大，应保持同等距离，每个数字上下左右要对齐，在印有数位线的凭证、账簿、报表上，每一格只能写一个数字，不得几个数字挤在一个格子里，也不得在数字中间留有空格。

（4）特色。从事会计工作的人员，要保持个人的独特字体和书写特色，使别人难以模仿或涂改。除此之外，不要把“0”和“6”“1”和“7”“3”和“8”“7”和“9”写混。在阿拉伯数字的整数部分，可以从小数点起向左按“三位一节”用分位点“，”分开或用“空格”分开，小数点应在个位与十分位之间。如5，237.46或写成5 237.46。

阿拉伯数字书写字样如图1－1所示。

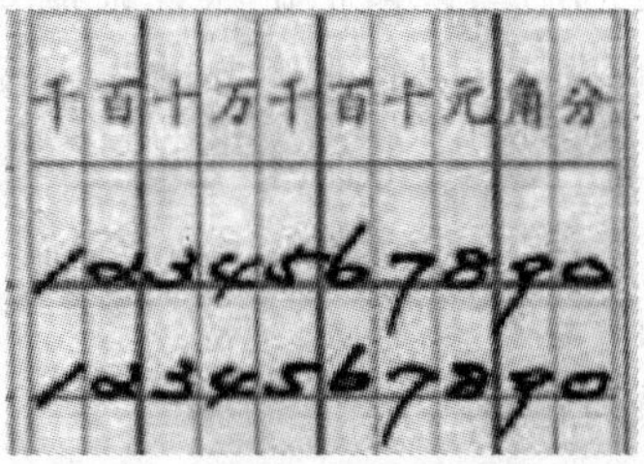

图1－1　阿拉伯数字书写字样

数码字书写错误一般采用划线更正法。如写错一个数字，不论在哪位，一律用红线全部划掉，在原数字的上边对齐原位写上正确数字。

2. 文字书写规范

文字书写即汉字书写，包括数字大写和企业名称书写、会计科目、费用项目、商品类别、计量单位、摘要、财务分析及报表的书写等。

（1）中文大写数字的书写。

中文大写数字是用于填写需要防止涂改的销货发票、银行结算凭证等，因此在书写时，不能写错。如果写错，则本凭证作废，需要重新填制凭证。

中文大写数字字样如下：

壹贰叁肆伍陆柒捌玖拾佰仟万元角分零整（正）

中文大写金额写法举例

例1 小写金额￥2 000.00

正确大写金额：人民币贰仟元整

错误：人民币：贰仟元整（“人民币”三字后面多一冒号）。

例2 小写金额￥4 550.30

正确大写金额：人民币肆仟伍佰伍拾元零叁角整

错误：人民币肆仟伍佰伍拾元叁角整（少写一个“零”字）。

例3 小写金额￥102 000.00

正确大写金额：人民币壹拾万零贰仟元整

错误：人民币壹拾万贰仟元整（少写一个“零”字）。

例4 小写金额￥100 004.00

正确大写金额：人民币壹拾万零肆元整

错误：人民币壹拾万元零肆元整（多写一个“元”字）。

（2）中文文字书写。

中文文字书写的基本要求：一是简明扼要准确，指用简短的文字把经济业务发生的内容记述清楚，在有格限的情况下，文字数目多少，要以写满但不超出该栏格为限。会计科目要写全称，不写简化，子、细目要准确，符合会计制度的规定，不能用表述不清、记叙不准的语句或文字。二是字迹工整清晰，指书写时用正楷或行书，不能用草书；不宜过大，一般上下要留空隙，也不宜过小；不能过于稠密，要适当留字距；不能写得大小不一。

文字书写中常见的是摘要的书写，包括记账凭证摘要、各种账簿摘要等。摘要是记录经济业务的简要内容，填写时应用简明扼要的文字反映经济业务等概况。摘要书写的一般要求：

①以原始凭证为依据；

②正确反映经济业务的内容；

③文字少而精，说明主要问题；

④书写字体占格的1/2为宜；

⑤要求字迹与文字书写相同，要工整、清晰、规范。

不同类型的经济业务填写摘要栏没有统一格式，但同一类型的经济业务填写摘要时，文字表达是有章可循的。

除上述书写的规范要求外，从事会计工作的人员，每人应刻两枚名章。一枚为方形姓名章，用于原始凭证、记账凭证、会计报表等指定位置；另一枚为小长方形姓名章，用于更正数字，其规格为 16cm ×4cm。同时要注意：名章是会计人员从事会计基础工作的工具之一，要妥善保管，防止丢失，不得频繁变更。在会计凭证、账簿、报表上盖名章时，一律用红色印油。图章要盖端正，字迹要清晰，在各种会计资料上签名时，要签姓名全称，不得只签一个字。

第二章 会计综合模拟实训程序和组织

第一节 会计综合模拟实训程序

会计核算程序是指在会计核算中，将凭证、账簿、报表与账务处理程序有机地结合起来的技术组织方式，也称会计核算形式。会计模拟实训程序与企业具体的会计核算程序相同。不同类型的企业，其经营规模的大小不同，业务的性质和业务的数量多少也不同，会计核算的程序也有所不同。本教材的实训企业采用科目汇总表核算程序。

一、科目汇总表核算程序

科目汇总表核算程序的主要特点是根据记账凭证定期编制科目汇总表，并根据科目汇总表登记总分类账。采用科目汇总表核算程序可以简化登记总分类账的工作量，提高登记总分类账的工作效率。科目汇总表核算流程如图 2－1 所示。

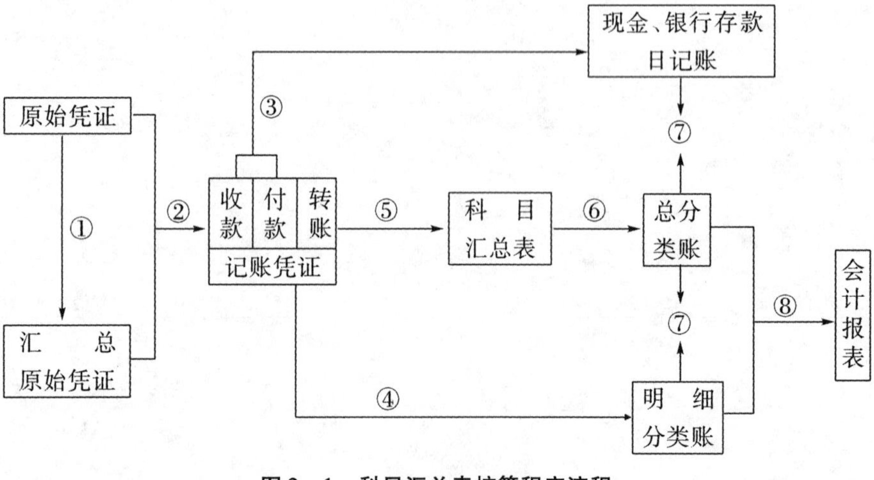

图 2－1 科目汇总表核算程序流程

（1）根据原始凭证编制汇总原始凭证；

（2）根据原始凭证或汇总原始凭证编制记账凭证（收款凭证、付款凭证和转账凭证）；

（3）根据收款凭证和付款凭证登记现金日记账和银行存款日记账；

（4）根据记账凭证和有关原始凭证或汇总原始凭证登记明细分类账；

（5）根据记账凭证定期（五天、十天、半个月或一个月）编制科目汇总表；

（6）根据科目汇总表定期登记总账；
（7）根据总账记录，定期与现金日记账、银行存款日记账和有关明细账进行核对；
（8）月终，根据核对无误的总账和各明细账的记录编制会计报表。

二、会计综合模拟实训具体操作程序

在全面熟悉模拟公司会计核算制度和内部控制制度基础上，实施以下程序：
（1）设置总分类账、明细分类账、现金日记账和银行存款日记账；
（2）登记总账、明细账和日记账的期初余额；
（3）取得和填制原始凭证，根据原始凭证填制记账凭证；
（4）根据收款凭证、付款凭证登记现金日记账和银行存款日记账；
（5）登记各有关明细账；
（6）编制科目汇总表，并检查会计凭证是否正确与平衡；
（7）根据科目汇总表登记总分类账簿；
（8）分配并结转制造费用，结转完工产品成本；
（9）计算结转已销产品成本；
（10）结转“本年利润”，并对利润进行分配；
（11）将总账与明细账、总账与日记账进行核对；
（12）根据总分类账、明细分类账及有关资料编制会计报表；
（13）根据资料计算主要财务指标并评价分析；
（14）计算应交税费并填列纳税申报表；
（15）整理会计档案。

第二节　会计综合模拟实训的组织

一、会计综合模拟实训的步骤

本模拟实训为手工操作环境下的会计业务处理，一般在会计实验室进行，具体包括以下两个步骤：

第一步，学生在实习教师指导下，先学习实验案例，熟悉会计核算实际业务，搞清案例中全部经济业务的账务处理、有关数字的来龙去脉及相互联系。然后由实习教师对实务操作方法做讲解和演示，并要求学生把课堂上学到的凭证、账簿、报表等知识与相关实物相对照，强化会计核算流程的感性认识，使学生全面系统掌握会计核算过程的操作方法。

第二步，在实习教师指导下，由学生进行实际操作。根据实训教材要求，发给学生会计凭证、账簿及报表。学生从编制记账凭证、汇总记账凭证，登记总账、明细账、日记账，计算成本、利润到编制会计报表整个会计核算过程进行系统操作。

二、会计综合模拟实训考核

会计模拟实训成绩分为优、良、中、及格和不及格五档，其考核标准以学生完成规定的实训项目和诚信学习效果为主要内容。具体地说，根据学生在实训期间进行会计处理的正确性、及时性、整洁性、规范性、实训纪律、诚信态度以及诚信检查 7 个方面进行评价。在这 7 个方面中，会计处理的正确性占 40% 的权重，其余部分各占 10%。具体扣分标准如下：

（1）正确性。关键性数字、一般性数字、借贷方向等错误，每错一处扣 1 分。

（2）及时性。要求按进度完成相关程序，每超过一天扣 2 分，超过 3 天本项不得分。

（3）整洁性。要求字迹填写整齐、清楚，不能顶格，不得涂改或分割等，如果不符合要求，每错一处扣 1 分。

（4）规范性。填制凭证及登记账簿是否遵守会计法规的规定，如果不符要求，每错一处扣 1 分。

（5）实训纪律。实训期间不得迟到、早退及无故旷课。迟到、早退 1 次扣 1 分；无故缺课 1 次扣 2 分。

（6）诚信态度。实训时，必须认真听课，遵守实训规章制度，独立完成实训任务，不得抄袭他人的实训成果；否则，从严扣分。

（7）诚信检查。实训指导教师对学生实训的完成情况可随时进行提问，以确定学生是否诚实、守信。每答错 1 处扣 1 分。

根据上述 7 个方面的考核结果，即可确定学生的得分情况。其得分在 90 分以上的，实训成绩为优；80 ~ 89 分的为良；70 ~ 79 分的为中；60 ~ 69 分的为及格；60 分以下的为不及格。

三、会计综合模拟实训方式和课时计划

会计模拟实训可以采用集中的形式进行，也可采用分散的形式进行。集中模拟实训是由每个学生独立完成一整套的会计处理工作。分散模拟实训则是将学生分成若干实训小组，每个实训小组由 3 人或 4 人组成一个财务小组，每个学生完成一个或几个岗位的会计处理工作。会计模拟实训课时计划（参考）如表 2 - 1 所示。

表 2 - 1　　会计模拟实训课时计划（参考）

序号	内容	学时
1	实训动员及发放实训用品，指导教师讲解实训要求	2
2	熟悉模拟企业会计核算内部控制制度	2
3	设置账簿并登记期初余额	4
4	审核原始凭证和填制记账凭证	14
5	登记现金和银行存款日记账	2

表2-1(续)

序号	内容	学时
6	成本计算	2
7	结转本年利润并进行利润分配	2
8	登记有关明细账	10
9	编制科目汇总表	4
10	登记总分类账并结账	4
11	核对账目	2
12	编制会计报表	4
13	主要财务指标计算并分析	4
14	填纳税申报表	2
15	整理会计档案和实习总结	2
合计		60学时（两周）

四、实训用品

实训学生每人需准备以下用品：

（1）通用记账凭证150张；

（2）总账账页50张；

（3）三栏式明细账页100张；

（4）多栏式明细账页10张；

（5）数量金额式明细账页30张；

（6）科目汇总表4张；

（7）会计报表、纳税申报表各一套；

（8）大头针、铁夹、计算器、直尺、剪刀、账夹、账簿启用表、记账凭证封面等用品。

第三节　会计综合模拟实训的教学要求

会计综合模拟实训的教学要求是针对实训学生和实训指导教师两方面而言的。

一、对实训学生的要求

实训中，学生应做到以下四点：

（1）实训前，应有充分的思想准备。会计模拟实训具有很强的实践性，实训时使用的会计用品基本上是与实际工作相符的会计用品，学生应对会计凭证的取得、填制和审核，会计账簿的登记和核算等各项工作高度重视，严格按照《会计人员工作规范》的要求认真进行，不得持敷衍了事的态度。

（2）实训前要系统复习相应的专业基础知识。会计模拟实训必须在学完“会计学基础”“财务会计”“成本会计”等专业课后进行。因此，学生应具有会计核算的基本知识，基本掌握了资产、负债、所有者权益、收入、费用和利润的具体会计处理以及会计报表的编制。

（3）实训时，应保持清醒的头脑。会计模拟实训是一项综合性的练习，其中有的业务错综复杂，有的要前后呼应。因此，学生应保持清醒的头脑，弄清各项业务的来龙去脉，掌握核算过程，使会计模拟实训顺利进行。

二、对实训指导教师的要求

实训指导教师不仅要有丰富的财会理论知识，而且要有丰富的实践工作经验，并能按会计实际工作规律及时对学生进行指导，这样，才能指导学生圆满完成会计实训。具体地说，对实训指导教师有以下要求：

（1）制订会计模拟实训教学计划。实训指导教师应根据学生的实际情况，制订模拟实训的具体操作计划，以便学生掌握实训进度，在规定的时间内完成实训任务。

（2）对重点问题进行预先提示。在进行会计模拟实训操作前，指导教师应有目的地对一些重点或难点问题预先提示，以降低会计模拟实训的难度，帮助学生完成模拟实训任务。

（3）及时给予必要的指导。学生遇到困难时，若不能得到指导老师的及时指导，就会思路分岔，甚至陷入恶性循环。

（4）适时给出参考答案。由于会计工作的自身特点决定了模拟实训的综合性、连贯性较强，学生在处理业务的过程中，只要一步出错，就会产生连锁反应。所以，指导教师应掌握学生的实训进度，适时给出参考答案。

（5）正确评价学生习作。对学生习作的质量及时准确地给予评价，有利于学生不断总结提高，顺利完成习作，取得预期的效果。这样，既可激发学生的学习积极性，又可使学生认识到自己存在的不足。

第三章 模拟企业基本情况

一、企业概况

1. 企业名称：成都兰光机床有限责任公司
2. 法定代表人：刘峰
3. 企业注册时间：2009 年 1 月
4. 企业类型：有限责任公司
5. 企业注册资金：500 万元

其中：长江资产管理公司 400 万元

黄河实业投资公司 100 万元

6. 企业税务登记号：514093862387652
7. 企业银行账号：基本存款账户：工商银行滨江路分理处，账号：40586123768

专用存款账户(基建)：建设银行西南路分理处,账号:16487205390

8. 联系电话：028－8400608　　邮编：308116
9. 企业地址：成都市龙泉路 118 号

邮箱：cdcqjcc@163.com

网址：http：//www.ctax.com

成都兰光机床有限公司由长江资产管理公司和黄河实业投资公司投资，成立于 2009 年 1 月 10 日，经成都市龙泉驿区工商行政管理局核准登记注册，取得 510112240598321 号企业法人营业执照，注册资本为人民币 500 万元。法定代表人：刘峰。经营范围：机床生产经营、机床配件生产经营和机床维修服务等。

公司主要是使用生铁、锻钢和黄铜等原材料及外购半成品电动机等生产经营数控机床和普通机床两种产品。其生产工序为：生产车间领用生铁、锻钢等原材料和领用电动机等半成品直接进行生产加工和装配，最终形成数控机床和普通机床（为简化成本核算，从材料投入到产品产出的全部生产过程都在一个车间内完成，同时也未设辅助生产车间）。

二、企业主要会计核算制度

本公司会计核算制度是根据《企业会计准则》及国家相关经济法和税收法规制度，结合本公司生产经营规模的特点制定。其主要内容如下：

1. 货币资金

（1）库存现金实行限额管理。银行核定的库存现金限额为 5 000 元。

（2）银行存款。本企业银行存款设明细账：基本存款明细账。基本存款账户主要办理商品交易结算业务，既可办理转账，也可提取现金。

(3) 备用金管理。行政管理处经财务部核定，领取定额备用金8 000元，由专人负责保管、报销。采购员及其他职工出差预借差旅费，回公司后一次结清。

2. 坏账准备

(1) 计提坏账准备的范围。计提坏账准备的范围包括应收账款和其他应收款。公司的预付账款，如有确凿证据表明其不符合预付账款性质，或者因供货单位破产、撤销等原因已无望再收到所购货物的，将原预付账款转入其他应收款，并按规定计提坏账准备。公司持有的未到期应收票据，如有确凿证据证明不能够收回或收回的可能性不大时，将其账面余额转入应收账款，并计提相应的坏账准备。

(2) 坏账的确认标准。①因债务人破产或死亡，以其破产财产或遗产清偿后，仍不能收回的应收款项。②因债务人资不抵债、现金流量严重不足，或发生严重的自然灾害等导致停产而于短时间内无法偿付债务的，或有其他确凿证据证明应收款项可能发生损失的。

以上确实不能收回的应收款项，根据公司的管理权限，经股东大会或董事会批准后作为坏账损失。

(3) 坏账核算的方法

坏账核算的方法为备抵法。

(4) 坏账准备的计提基数、计提方法和计提比例

①坏账准备的计提基数：公司应收款项的期末余额。

②坏账准备的计提方法：应收款项余额百分比法。

③坏账准备的计提比例：5%。

3. 存货

(1) 存货的分类。公司存货分为原材料、包装物、低值易耗品、外购半成品、产成品等。

(2) 存货的计价。各种存货均按取得时的实际成本记账，发出时原材料采用移动加权平均法计价，库存商品采用月末一次加权平均法计价。低值易耗品、包装物在领用时按一次摊销法摊销。

(3) 存货跌价准备：公司期末存货按成本与可变现净值孰低的原则对存货按单项计提存货跌价准备，同时计入当期损益。当存在下列情况之一时，应当计提存货跌价准备：

①市价持续下跌，并且在可预见的未来无回升的希望；

②公司使用该项原材料生产的产品的成本大于产品的销售价格；

③公司因产品更新换代，原有库存原材料已不适应新产品的需要，而该原材料的市场价格又低于其账面成本；

④因公司所提供的产品过时或消费者偏好改变而使市场的需求发生变化，导致市场价格逐渐下跌；

⑤其他足以证明该项存货实质上已发生减值的情形。

(4) 存货的盘点制度。公司存货的盘存采用永续盘存制。

4. 长期股权投资

（1）长期股权投资。公司对外股权投资按实际支付的价款记账，占被投资单位有表决权资本总额20%或20%以上，50%以下，或虽投资不足20%但有重大影响，采用权益法核算；占被投资单位有表决权资本总额20%以下或50%以上，或虽占20%或20%以上，但不具重大影响，采用成本法核算。

（2）长期投资减值准备的确认标准及计提方法。公司对被投资单位的投资在资产负债表日存在减值迹象时，其可回收金额低于账面价值时，按可回收金额低于长期投资账面价值的差额计提长期投资减值准备。

5. 固定资产及其折旧

（1）固定资产的计价标准为单位价值较高，使用年限在一年以上的资产。

购置的不需要经过建造过程即可使用的固定资产按实际支付的买价、包装费、运输费、安装成本、交纳的有关税金等，作为入账价值。

自行建造的固定资产，按建造该项资产达到预定可使用状态前所发生的全部支出作为入账价值。

投资者投入的固定资产，按投资各方确认的价值作为入账价值。

融资租入的固定资产，按租赁开始日租赁资产的原账面价值与最低租赁付款额的现值两者中较低者，作为入账价值。

（2）固定资产折旧方法。根据固定资产原值和预计使用年限，采用直线法分类计提（无残值）。

固定资产的分类、经济使用年限、年折旧率列示如下：

类别	折旧年限	年折旧率
房屋及建筑物	20年	5%
生产设备	12年	8.33%（考虑减值准备后的折旧率）
运输设备	10年	10%
办公设备	5年	20%

（3）固定资产减值准备的确认标准及计提方法。公司因固定资产重置价值持续下跌或技术陈旧等原因导致其期末可收回金额低于账面价值，按低于账面价值的差额计提固定资产减值准备。固定资产减值准备按单项资产计提。对存在下列情况之一的固定资产，全额计提减值准备：

①长期闲置不用，在可预见的未来不会再使用，且已无转让价值的固定资产；

②由于技术进步等原因，已不可使用的固定资产；

③虽然固定资产尚可使用，但使用后产生大量不合格品的固定资产；

④已遭毁损，以至于不再具有使用价值和转让价值的固定资产；

⑤其他实质上不能给公司带来经济效益的固定资产。

已全额计提减值准备的固定资产不再计提折旧。

6. 在建工程

在建工程采用成本法核算。在固定资产达到可使用状态前发生的工程借款利息和有关费用计入在建工程。交付使用但尚未竣工决算先估价转入固定资产，待完工验收并办理好竣工决算时再正式转为固定资产。

对在建工程长期停建，并且预计在 3 年内不会重新开工的；所建项目无论在性能上，还是在技术上已经落后，并且给企业带来的经济利益具有很大的不确定性，在期末计提在建工程减值准备。

7. 借款费用

（1）借款费用，指企业因借款而发生的利息、折价或溢价的摊销和辅助费用，以及因外币借款而发生的汇兑差额。因专门借款而发生的利息、折价或溢价的摊销和汇兑差额，在同时符合以下规定的资本化条件的情况下，应当予以资本化：

①资产支出已经发生；

②借款费用已经发生；

③为使资产达到预定可使用状态所必要的购建活动已经开始。

（2）资本化金额的确定。专门借款应于资本化的会计期间内全部利息资本化，一般借款应于至当期末止购建固定资产累计支出加权平均数与资本化率乘积的利息资本化。

8. 无形资产

对购入或按法律程序申请取得的无形资产，按实际支付金额入账，对接受投资转入的无形资产，按合同约定或评估确认的价值入账，无形资产在其有效使用期内按直线法摊销。

公司无形资产摊销年限按如下原则确定：

（1）合同规定收益年限但法律没有规定有效年限的，摊销年限不超过合同规定的收益年限；

（2）合同没有规定收益年限但法律规定有效年限的，摊销年限不超过法律规定的有效年限；

（3）合同规定了收益年限，法律也规定了收益年限的，摊销年限不超过收益年限和有效年限二者之中较短者；

如果合同没有规定收益年限，法律也没有规定有效年限的，摊销年限不超过 10 年。

期末对无形资产逐项检查，如果存在下列情形，则对无形资产可收回金额低于其账面价值的部分计提减值准备，提取时按单项无形资产的账面价值高于可收回金额的差额确定，计入当期损益：①某项无形资产已被其他新技术所代替，使其对企业创造经济利益的能力受到重大不利影响；②某项无形资产的市价在当期大幅下跌，在剩余摊销年限内不会恢复；③某项无形资产已超过法律保护期限，但仍然具有部分使用价值；④其他足以证明某项无形资产已经发生减值的情形。

9. 收入

（1）销售商品的收入，在同时满足下列条件时予以确认：

①公司已将商品所有权上的主要风险和报酬转移给买方；

②公司既没有保留通常与所有权相联系的继续管理权，也没有对已售出的商品实施控制；

③与交易相关的经济利益能够流入企业；

④相关的收入和成本能够可靠地计量。

（2）提供劳务的收入，在同时满足下列条件时予以确认：

①劳务总收入和总成本能够可靠地计量；

②与交易相关的经济利益能够流入企业；

③劳务的完成程度能够可靠地确定。

（3）让渡资产使用权的收入，在同时满足下列条件时予以确认：

①交易相关的经济利益能够流入企业；

②收入的金额能够可靠地计量。

10. 税费

本公司为增值税一般纳税人。增值税、企业所得税上缴国家税务局，其他税费缴纳给地方税务局。

（1）企业所得税。企业所得税的计税依据为年应纳税所得额，税率为25%。税法规定，企业的所得税按年计算、分季预缴。全年所得税调整事项均在12月份进行。

（2）增值税。销售商品、提供工业性劳务，均应缴纳增值税。增值税税率为17%，按月计算并缴纳。

（3）城市维护建设税及教育费附加。其分别按公司应缴纳的增值税的7%和4%计算（其中含1%的地方教育费附加），按月计算并缴纳。

（4）房产税。本公司自己使用的房屋，房产税应纳税额计算如下：

应纳税额＝房产账面原值×（1－扣除率30%）×年税率1.2%

出租的房屋，房产税应纳税额计算如下：

应纳税额＝月租金收入×税率5%

房产税按年计算并缴纳。

（5）车船税。本公司各类车辆年税额标准如下：

货车，每吨位年税额60元。

小客车，每辆年税额480元。

车船税按年计算并缴纳。

（6）印花税。印花税根据经济活动中书立、领受的凭证，按规定的税率计算并缴纳。

（7）个人所得税。个人所得税由公司根据职工的每月工资所得，按七级超额累进税率代扣代缴。

11. 与工资有关的各项保险和公积金

根据国家有关规定，本公司按工资总额的一定比例提取各项保险费和公积金，提取项目和计提依据及金额如表3－1所示。

表3－1　提取项目和计提依据及金额　　单位：%

项目	计提依据	计提金额（工资总额×负担比率）	
		公司负担	个人负担
养老保险费	月工资总额	20	8
医疗保险费	月工资总额	6.5	2
失业保险费	月工资总额	1	0.5
住房公积金	月工资总额	8	8

12. 利润及其分配

根据我国《中华人民共和国公司法》和公司章程规定，年末损益结算后，按照净利润的10%计提法定盈余公积，可供投资者分配利润，根据股东大会审议的利润分配方案，按股东出资比例分配红利。

13. 会计政策及会计估计变更的原因及内容

公司的会计政策与会计估计变更依据及会计处理方法，执行财政部财会〔2006〕3号文件中《企业会计准则第28号——会计政策、会计估计变更和差错更正》。

三、企业内部会计控制制度

1. 货币资金控制

办理货币资金业务的不相容岗位应当分离，相关机构和人员应当相互制约，确保货币资金的安全。

2. 实物资产控制

企业应当建立实物资产管理的岗位责任制度，对实物资产的验收入库、领用、发放、盘点、保管及处置等关键环节进行控制，防止各种实物资产被盗、毁损和流失。

3. 对外投资控制

企业应当建立规范的对外投资决策机制和程序。通过实行重大投资决策集体审议联签等责任制度，加强投资项目立项、评估、决策、实施、投资处置等环节的会计控制，严格控制投资风险。

4. 工程项目控制

企业应建立规范的工程项目决策程序，明确相关机构和人员的职责权限，建立工程项目投资决策的责任制度，加强工程项目的预算、招投标、质量管理等环节的会计控制，防范决策失误及工程发包、承包、施工等过程中的舞弊行为。

5. 采购预付款控制

企业应当合理设置采购预付款业务的机构和岗位，建立和完善采购预付款的会计控制程序，加强请购、审批、合同订立、采购验收、付款等环节的会计控制，堵塞采购环节的漏洞，减少采购风险。

6. 销售预售款控制

企业应当在制定商品或劳务等的定价原则、信用标准、收款方式等销售政策时，充分发挥会计机构和人员的作用，加强合同订立、商品发放和账款收回的会计控制，避免或减少坏账损失。

7. 成本费用控制

做好成本费用管理的各项工作，制定成本费用标准，分解成本费用指标。企业应控制成本费用差异，考核成本费用指标的完成情况，落实奖罚措施，降低成本费用，提高经济效益。

8. 担保控制

严格控制担保行为，建立担保决策程序和责任制度，明确担保原则、担保标准和条件、担保责任等相关内容，加强对担保合同订立的管理，及时了解和掌握被担保人的经营和财务状况，防范潜在风险，避免或减少可能发生的损失。

9. 筹资控制

企业加强筹资活动的会计控制，合理确定筹资规模和筹资结构，选择筹资方式，降低筹资成本，防范和控制筹资风险，确保筹集资金的合理和有效使用。

第四章　模拟企业期初资料及经济业务

一、2018 年 11 月 30 日资产、负债、所有者权益总账及明细账余额

1. 总账及明细账

总账及明细账见表 4 - 1。

表 4 - 1　总账及明细账

总账科目	明细科目	借方余额	贷方余额	总账科目	明细科目	借方余额	贷方余额
库存现金	库存现金	20 000.00		短期借款（年息 6%）			2 020 000.00
银行存款		2 800 000.00			工商银行		2 020 000.00
	工商银行滨江路分理处	2 400 000.00		应付账款			500 000.00
	建设银行西南路分理处	400 000.00			上海钢铁公司		200 000.00
其他货币资金		73 000.00			江南铁金厂		40 000.00
	银行汇票存款	73 000.00			福建铸钢厂		70 000.00
应收票据		1 000 000.00			新光钢铁厂		150 000.00
	西安北方机电公司	800 000.00			四川电动机厂		40 000.00
	重庆机电公司	200 000.00		应付职工薪酬			497 000.00
应收账款		400 000.00			应付工资		267 000.00
	北京机电设备公司	100 000.00			住房公积金		70 000.00
	上海机床经营公司	66 200.00			社保基金		80 000.00
	金华机床经营公司	8 800.00			个人所得税		50 000.00
	新隆物资公司	25 000.00			工会经费		30 000.00
	江南机械设备厂	200 000.00		应交税费			902 400.00
其他应收款		68 000.00			应交城建税		68 400.00
	行政处	38 000.00			未交增值税		600 000.00
	张兵	8 000.00			应交所得税		230 000.00
	李强	8 000.00			应交教育费附加		4 000.00
	李钢	14 000.00		应付利息			45 000.00
坏账准备	应收账款		24 000.00		应付短期借款利息		45 000.00
预付账款		50 000.00		长期借款（年息 10%）			1 500 000.00
	川威钢铁公司	30 000.00			试验楼工程借款		1 500 000.00
	龙泉电力局	20 000.00		负债合计			5 464 400.00
在途物资		210 000.00		实收资本			5 000 000.00
	川威钢铁公司	140 000.00			长江资产管理公司		4 000 000.00
	西昌钢铁厂	40 000.00			黄河实业投资公司		1 000 000.00
	南京电机厂	20 000.00		资本公积			
	长江电机厂	10 000.00			其他资本公积		1 267 300.00
原材料	详见明细账	1 000 000.00		盈余公积			750 000.00
周转材料	详见明细账	31 200.00			法定盈余公积		750 000.00
库存商品	详见明细账	1 200 000.00		本年利润			419 500.00
存货跌价准备	存货跌价准备		17 000.00	利润分配			99 500.00

表4－1(续)

总账科目	明细科目	借方余额	贷方余额	总账科目	明细科目	借方余额	贷方余额
长期股权投资		250 000.00			未分配利润		99 500.00
	红光实业公司	250 000.00		所有者权益合计			7 536 300.00
固定资产		5 000 000.00		负债和股东权益总计			13 000 700.00
	房屋及建筑物	3 600 000.00					
	专用设备	1 000 000.00					
	运输设备	300 000.00					
	办公设备	100 000.00					
累计折旧	累计折旧		632 500.00				
固定资产减值准备	固定减值准备		50 000.00				
在建工程		1 350 000.00					
	试验大楼	1 350 000.00					
无形资产（预计摊销120个月，已摊销24个月）		340 000.00					
	专利权	200 000.00					
	商标权	140 000.00					
累计摊销	累计摊销		68 000.00				
	专利权		40 000.00				
	商标权		28 000.00				
资产总计		13 792 200.00	791 500.00				

2. 数量金额明细账

（1）存货表见表4－2。

表4－2　存货表

总账科目及二级科目	三级科目	计量单位	数量	单价	金额
原材料——主材类					500 000.00
	生铁	吨	100	2 500.00	250 000.00
	锻钢	吨	50	2 800.00	140 000.00
	黄铜	吨	2	15 000.00	30 000.00
原材料——辅材类	焦炭	吨	100	500.00	50 000.00
	煤炭	吨	100	300.00	30 000.00
原材料——外购半成品					500 000.00
	机床电机	台	100	1 400.00	140 000.00
	轴承	套	800	350.00	280 000.00
	标准件	个	400	200.00	80 000.00

表4－2(续)

总账科目及二级科目	三级科目	计量单位	数量	单价	金额
周转材料——低值易耗品					11 200.00
	劳动保护服	套	100	40.00	4 000.00
	劳动保护鞋	双	150	30.00	4 500.00
	耐热手套	副	100	4.00	400.00
	专用工具	把	20	75.00	1 500.00
	打印纸（A4）	本	40	20.00	800.00
周转材料——包装物					20 000.00
	包装箱	个	1000	20.00	20 000.00
库存商品					1 200 000.00
	数控机床	台	40	20 000.00	800 000.00
	普通机床	台	32	12 500.00	400 000.00

（2）固定资产表见表4－3。

表4－3　固定资产表

名称	计量单位	数量	单价	金额	年折旧率
生产车间	幢	1	2 800 000.00	2 800 000.00	5%
办公楼	幢	1	800 000.00	800 000.00	5%
生产设备	台	10	100 000.00	1 000 000.00	8.33%
货车	台	4	1 台：60 000.00 1 台：50 000.00 2 台：55 000.00	220 000.00	10%
小车	台	1	80 000.00	80 000.00	10%
电脑	台	20	5000.00	100 000.00	20%
合计				5 000 000.00	

二、2018 年 11 月 30 日资产负债表及 2018 年 11 月利润表

资产负债表（简表）见表 4－4。

表 4－4　资产负债表（简表）　　会企 01 表

编制单位：成都兰光机床有限责任公司　（2018 年 11 月 30 日）　　单位：元

资产	期末数	年初数	负债及股东权益	期末数	年初数
流动资产：			流动负债：		
货币资金	2 893 000.00	2 515 000.00	短期借款	2 020 000.00	2 020 000.00
应收票据	1 000 000.00	800 000.00	应付账款	500 000.00	350 000.00
应收账款	376 000.00	300 000.00	应付职工薪酬	497 000.00	405 000.00
其他应收款	68 000.00		应付利息	45 000.00	
预付账款	50 000.00		应交税费	902 400.00	364 366.67
存货	2 424 200.00	2 118 000.00			
流动资产合计	6 811 200.00	5 733 000.00	流动负债合计	3 964 400.00	3 139 366.67
长期投资：			长期负债：		
长期股权投资	250 000.00	250 000.00	长期借款	1 500 000.00	1 500 000.00
减：长期投资减值准备					
长期投资净额	250 000.00	250 000.00			
固定资产：			负债合计	5 464 400.00	4 639 366.67
固定资产原价	5 000 000.00	5 000 000.00			
减：累计折旧	632 500.00	330 000.00	股东权益：		
固定资产净值	4 367 500.00	4 670 000.00	实收资本	5 000 000.00	5 000 000.00
减：固定资产减值准备	50 000.00	50 000.00	资本公积	1 267 300.00	1 267 300.00
固定资产净额	4 317 500.00	4 620 000.00	盈余公积	750 000.00	750 000.00
在建工程	1 350 000.00	850 000.00	未分配利润	519 000.00	99 500.00
固定资产合计	5 667 500.00	5 470 000.00			
无形资产及递延资产：					
无形资产	272 000.00	303 166.67	股东权益合计	7 536 300.00	7 116 800.00
无形资产及其他资产合计	272 000.00	303 166.67			
资产总计	13 000 700.00	11 756 166.67	负债和股东权益总计	13 000 700.00	11 756 166.67

利润表（简表）见表4－5。

表4－5 利润表（简表）

会企02表

编制单位：成都兰光机床有限责任公司 2018年11月 单位：元

项目	本期累计数	上期同期数（略）
一、营业收入	17 600 000.00	
减：营业成本	11 412 500.00	
税金及附加	88 000.00	
销售费用	3 308 849.17	
管理费用	2 136 317.50	
财务费用	95 000.00	
资产减值损失		
加：公允价值变动收益（损失以“－”号填列）		
投资收益（损失以“－”号填列）		
其中：对联营企业和合营企业的投资收益		
二、营业利润（亏损以“－”号填列）	559 333.33	
加：营业外收入		
减：营业外支出		
其中：非流动资产处置损失		
三、利润总额（亏损总额以“－”号填列）	559 333.33	
减：所得税费用	139 833.33	
四、净利润（净亏损以“－”号填列）	419 500.00	
五、每股收益		
（一）基本每股收益		
（二）稀释每股收益		

三、经济业务

2018 年 12 月成都兰光机床有限责任公司发生如下经济业务：

1. 办理银行汇票

1 日，委托工商银行签发银行汇票 25 000 元，交采购员到南京铸钢厂购买原材料。

主要原始单据：中国工商银行汇票委托书（存根）。

中国工商银行汇票委托书（存根）

委托日期：2018 年 12 月 1 日　　　　第　　号

汇款人	成都兰光机床有限责任公司			收款人	南京铸钢厂
账　号或住址	40586123768			账　号或住址	4035680145
兑　付地　点	四川省成都龙泉	兑付行	工行滨江路分理处	汇　款用　途	货款
汇　款金　额	人民币（大写）贰万伍仟元整				

千	百	十	万	千	百	十	元	角	分
		¥	2	5	0	0	0	0	0

备注　（中国工商银行四川省分行 龙泉支行 2018.12.01 受理凭证 专用章 模拟）

科　　目＿＿＿＿＿＿

对方科目＿＿＿＿＿＿

财务主管　　　复核　　　经办

2. 购买办公用品

1 日，从成都市百货商场购买办公用品 500 元，以现金支付。

主要原始单据：成都市商业销售发票。

成都市商业销售发票

发票联

客户名称：成都兰光机床有限责任公司　　2018 年 12 月 1 日

商品名称	单位	数量	单价	金额 万	千	百	十	元	角	分	备注
办公用品	个	10	50		¥	5	0	0	0	0	
合计金额（大写）	伍佰元整				¥	5	0	0	0	0	
开票单位	成都市百货商场（盖章有效）		开户银行	工行泰山分理处							
			账　号	201-778-7453							

现金付讫

（成都市百货商场 财务专用章 62084308540）

开票人（章）王国迎　　　收款人（章）

3. 划转委托投资款

1 日，将款项 150 000 元转入中国信达投资公司成都证券营业部，委托投资购买股票。

主要原始单据：转账支票、委托买卖证券（资金专户）存款凭单。

中国工商银行
转账支票存根

支票号码：1001
科目________
对方科目________
签发日期：2018 年12 月1 日

收款人：中国信达投资公司成都营业部
金额：￥150 000.00
用途：证券投资
备注：

单位主管　刘峰　　会计　徐红

本支票付款期限十天

中国工商银行　**转账支票**　支票号码 №1001

出票日期（大写）：贰零壹捌年壹拾贰月零壹日　付款行名称：市工行滨江路分理处

收款人：中国信达投资公司成都营业部　　出票人账号：40586123768

人民币（大写）：壹拾伍万元整	千	百	十	万	千	百	十	元	角	分
		￥	1	5	0	0	0	0	0	0

用途 证券投资
上列款项请从
我账户内支付
出票人签章

中国工商银行四川省分行
龙泉支行
2018.12.01
转
讫

科目（借）________
对方科目（贷）________
付讫日期　年　月　日
出纳　复核　记账

贴对号单处　　支票号码：№1001

中国信达投资公司成都营业部

委托买卖证券（资金专户）存款凭单

转账存入　　2018 年 12 月 1 日

资金账号：77446688　　客户户名：成都兰光机床有限责任公司

上次余额：0.00　　本次余额：￥150 000.00

本次存款：壹拾伍万元整　￥150 000.00

摘要：转支

委托人填写：户名成都兰光机床有限责任公司　账号________
存入人民币（大写）壹拾伍万元整

受托人印鉴：中国信达投资公司成都营业部　业务专用章　4590125?296

事后监督：　　出纳：　　复核：

4. 购买交易性金融资产

1日，中国信达投资公司成都营业部从上海证券交易所购入东方集团股票10 000股。

主要原始单据：上海证券中央登记清算公司。

上海证券中央登记清算公司

2018年12月1日

成交过户交割凭单	
股东编号：168281348 电脑编号：83568 公司编号：9876	成交证券：东方集团 成交数量：10 000 成交价格：10.00
申请编号：265 申报时间：10:30 成交时间：10:58	成交金额：100 000元 标准佣金：200元 过户费用：0元
上次余额：0（股） 本次成交：10 000（股） 本次余额：10 000（股）	印花税：100元 附加费用： 应收金额：100 300元 实付金额：100 300元

经办单位：　　　　客户签章：

（印章：中国信达投资公司成都营业部 业务专用章 45981257896）

5. 偿还前欠货款

2日，签发转账支票，偿还新光钢铁厂货款150 000元。

主要原始单据：转账支票。

中国工商银行
转账支票存根

支票号码：1002
科目＿＿＿＿
对方科目　应付账款
签发日期 2018年12月2日

收款人：新光钢铁厂
金额：￥150 000.00
用途：付材料款
备注：

单位主管　刘峰　　会计　徐红

本支票付款期限十天

中国工商银行　**转账支票**　支票号码 №1002

出票日期（大写）：贰零壹捌年壹拾贰月零贰日　付款行名称：市工行滨江路分理处

收款人：新光钢铁厂　　出票人账号：40586123768

人民币（大写）：壹拾伍万元整	千	百	十	万	千	百	十	元	角	分
		￥	1	5	0	0	0	0	0	0

用途　备用金

上列款项请从
我账户内支付
出票人签章

（印章：中国工商银行四川省分行 龙泉支行 2018.12.02 转讫）

科目（借）＿＿＿＿
对方科目（贷）＿＿＿＿
付讫日期　　年　　月　　日
出纳　　复核　　记账

贴对号单处　　支票号码：№1002

6. 分期付款方式购买固定资产

2 日，从成都电器设备厂购入 A 型机器作固定资产使用。购货合同约定该机器 100 万元，分 3 年支付，2019 年 12 月 2 日支付 50 万元，2020 年 12 月 2 日支付 30 万元，2021 年 12 月 2 日支付 20 万元。银行贷款利率为 6%。

主要原始单据：成都市普通商业发票、分期付款协议。

成都市普通商业发票

发票联

客户名称：成都兰光机床有限公司　　　　2018 年 12 月 2 日

商品名称	单位	数量	单价	金额							备注
				百	十	万	千	百	十	元	
A型设备	台	1	1 000 000.00	1	0	0	0	0	0	0	
合计金额（大写）	壹佰万元			1	0	0	0	0	0	0	
开票单位	成都电器设备厂（盖章有效）		开户银行	工行延安路分理处							
			账　　号	401 708 7525							

开票人（章）张国新　　　　　　收款人（章）

分期付款协议

2018 年 12 月 2 日，成都兰光机床有限公司从成都电器设备厂购买一台 A 型设备，经与电器设备厂协议采用分期付款方式支付款项。购货协议约定 A 型机器的总价款为 100 万元，分 3 年支付，2019 年 12 月 2 日支付 50 万元，2020 年 12 月 2 日支付 30 万元，2021 年 12 月 2 日支付 20 万元。3 年期银行借款年利率为 6%。（其他略）

销货方：成都电器设备厂

购买方：成都兰光机床有限公司

7. 赊购原材料

3 日，从江西铜业公司购入黄铜 5 吨，价款 56 000 元，增值税 9 520 元，货物已验收入库，款项暂未支付。

主要原始单据：四川省增值税专用发票（抵扣联略，下同）、材料验收入库单。

四川省增值税专用发票

发票联

开票日期：2018 年 12 月 3 日

购货单位	名称：成都兰光机床有限公司 纳税人识别号：514093862387652 地址、电话：成都龙泉大道 118 号、8400608 开户行及账号：工行滨江路分理处　40586123768	密码区	

货物及劳务名称	规格型号	单位	数量	单价	金额	税率	税额
黄铜		吨	5	11 200.00	56 000.00	17%	9 520.00
合计					56 000.00		9 520.00
价税合计（大写）	陆万伍仟伍佰贰拾元整				（小写）￥65 520.00		

销货单位	名称：江西铜[illegible] 纳税人识别号：320402332[illegible] 地址、电话：南昌[illegible]路 219 号 [illegible]7318 开户行及账号：[illegible]07723194	备注	

江西铜业公司 财务专用章 57416754189

销货单位（章）：　　收款人：　　复核：齐小云　　开票人：赵远

材料验收入库单

供应单位：江西黄铜厂　　2018 年 12 月 3 日

发票号：

材料类别	材料名称	规格材质	计量单位	数量	实收数量	单价	金额 千	百	十	万	千	百	十	元	角	分
	黄铜		吨	5	5	11 200			￥	5	6	0	0	0	0	0
检验：				运杂费												
结果：　检验员签章：				合计					￥	5	6	0	0	0	0	0
备　注：																

仓库主管：张士杰　　保管员：王斌　　经办人：刘兵

8. 报销差旅费

4 日，采购员张兵出差回来，报销差旅费及会务费共计 7 500 元，冲上月预借款 8 000元，余款以现金退回。

主要原始单据：成都兰光机床有限责任公司差旅费报销单、成都兰光机床有限责任公司收据（车票、住宿费发票等略）。

成都兰光机床有限责任公司差旅费报销单

预借金额：8 000.00 元　　实报金额：7 500.00 元　　结余余额：500.00 元　　2018 年 12 月 4 日

部别	采购部		姓名	张兵	出差事由					参加全国产品订货会							领导签字
起程日期			起点	讫点	到达日期			出差补助		车船费		旅馆费		其他			
月	日	时			月	日	时	天数	金额	金额	附件张数	金额	附件张数	项目	金额	附件张数	
12	1		成都	马鞍山	12	1			400.00	2 000.00	4	1 500.00	1	市内车费	100.00	15	刘峰 12.4
12	4		马鞍山	成都	12	4				2 000.00	4			邮电费			
														卧县费			
														寄存费			
														会务费	1 500.00	1	
小计									400.00	4 000.00		1 500.00			1 600.00		
合计金额（大写） 柒仟伍佰元整 ￥：7500.00																	

转讫

审核算： 朱玉强　　出差人： 张兵

成都兰光机床有限责任公司收据

入账日期：2018 年 12 月 4 日

交款单位：张兵　　收款方式 退回差旅费余款

人民币（大写）伍佰元整　　￥500.00

收款事由 退借支差旅费余款

现金收讫

2018 年 12 月 4 日

财会主管：刘成刚　　记账：　　出纳：徐红　　审核：

9. 销售商品收到银行汇票

4 日，向重庆机器销售公司销售数控机床 6 台，单价 28 000 元，增值税税率为 17%[①]，货已发出，收到对方银行汇票。

主要原始单据：银行汇票、四川省增值税专用发票、产品出库单。

中国工商银行

银行汇票 {解讫 通知} 3

付款期限 壹个月

汇票号码：

第　号

出票日期：贰零壹捌年拾贰月零肆日

代理付款行：　　　行号：										
收款人：成都兰光机床有限责任公司　　账号或地址：40586123768										
出票金额人民币（大写）壹拾玖万陆仟伍佰陆拾元整										
实际结算金额人民币（大写）壹拾玖万陆仟伍佰陆拾元整	千	百	十	万	千	百	十	元	角	分
		¥	1	9	6	5	6	0	0	0

申请人：重庆机床销售公司　　账号或住址：301-350-1256

出票行：工行南坪分理处

备　注：贷款

代理付款行盖章

复核　　经办

中国工商银行重庆市分行 南坪支行 2018.12.04 受理凭证 专用章 模拟

多余金额									科目（贷）______
百	十	万	千	百	十	元	角	分	对方科目（借）______
									转账日期　年　月　日
									复核　　记账

四川省增值税专用发票

发票联

开票日期：2018 年 12 月 4 日

购货单位	名称：重庆机床销售公司 纳税人识别号：120102103265483 地址、电话：重庆市南坪路 125 号 62928173 开户行及账号：工行南坪分理处　55964321					密码区	
货物及劳务名称	规格型号	单位	数量	单价	金额	税率	税额
数控机床		台	6	28 000.00	168 000.00	17%	28 560.00
合计					168 000.00		28 560.00
价税合计（大写）	壹拾玖万陆仟伍佰陆拾元整				（小写）¥196 560.00		
销货单位	名称：成都兰光机床有限公司 纳税人识别号：514093862387652 地址、电话：成都龙泉大道 118 号、8400608 开户行及账号：工行滨江路分理处　40586123768					备注	

销货单位（章）：　　收款人：　　复核：　　开票人：

成都兰光机床有限责任公司 财务专用章 5430257845

① 本教材修订周期较长，为保证前后一致性，本教材中增值税税率使用17%，并不影响师生的理解和使用，敬请使用本教材的师生注意。我们将在后面修订时，根据国家政策规定进行修改，同时敬请广大读者提出宝贵意见。

产品出库单

采购单位：重庆机床销售公司　　　　2018 年 12 月 4 日

发 票 号：________________　　　　　　　　字第　　号

商品类别	商品名称	规格	计量单位	数量	单价	金额							
						十	万	千	百	十	元	角	分
机床	数控机床		台	6									
合　计													
备注：													

仓库主管：张士杰　　　　保管员：徐勇　　　　经办人：王斌

10. 分期收款产品销售

5 日，销售给汉江民政福利公司普通机床 10 台，每台 2.5 万元，合计 25 万元（该项目享受免增值税），协议约定采用分期收款方式，分 5 年收回，每年 5 万元。（如果该销售成立时即付款，只需支付 20 万元。）

主要原始单据：成都市普通商业发票、分期收款协议、产品出库单。

成都市普通商业发票

发票联

客户名称：汉江民政福利公司　　　　2018 年 12 月 5 日

商品名称	单位	数量	单价	金额							备注
				百	十	万	千	百	十	元	
普通机床	台	10	25 000.00	¥	2	5	0	0	0	0	
合计金额（大写）		贰拾伍万元整		¥	2	5	0	0	0	0	
开票单位	成都兰光机床有限责任公司（盖章）		开户银行	工商银行滨江路分理处							
			账　　号	40586123768							

开票人（章）张国新　　　　收款人（章）

分期收款协议

2018 年 12 月 5 日，成都兰光机床有限责任公司售给汉江民政福利公司车床 10 台，每台 2.5 万元，合计 25 万元（该项目享受免税），协议约定采用分期收款方式，从 2018 年 12 月 1 日起分 5 年分期收款，每年 5 万元。双方约定，如果购货方在销售成立时即支付货款，只需支付 20 万元。

（其他略）

销售方：成都兰光机床有限责任公司

购买方：汉江民政福利公司

产品出库单

采购单位：汉江民政福利公司　　2018年12月5日

发 票 号：________　　字第　号

商品类别	商品名称	规格	计量单位	数量	单价	金额							
						十	万	千	百	十	元	角	分
机床	普通机床		台	10									
合　计													
备注：													

仓库主管：张士杰　　保管员：徐勇　　经办人：王斌

11. 生产产品领用原材料

5 日，生产车间领用生铁 20 吨，锻钢 10 吨，其中用于生产数控机床 12 吨和 7. 143 吨，生产普通机床 8 吨和 2. 857 吨。

主要原始单据：成都兰光机床有限责任公司原材料领用单 2 张。

成都兰光机床有限责任公司

原材料领用单

领用部门：生产车间　　　　领用时间：2018 年 12 月 5 日

用途：数控机床

材料编号	材料名称	规格型号	单位	请领数	实发数	单价	金额
	生铁		吨	12	12	2 500.00	30 000.00
	锻钢		吨	7.143	7.143	2 800.00	20 000.00
合计				19.143	19.143		50 000.00

仓库主管：张士杰　　保管员：王斌　　经办人：刘兵

成都兰光机床有限责任公司

原材料领用单

领用部门：生产车间　　　　领用时间：2018 年 12 月 5 日

用途：普通机床

材料编号	材料名称	规格型号	单位	请领数	实发数	单价	金额
	生铁		吨	8	8	2 500.00	20 000.00
	锻钢		吨	2.857	2.857	2 800.00	8 000.00
合计				10.857	10.857		28 000.00

仓库主管：张士杰　　保管员：王斌　　经办人：刘兵

12. 银行提取现金

5 日，从工商银行账户提取现金 15 000 元备用。

主要原始单据：现金支票。

中国工商银行
现金支票存根

支票号码：№020522
科　目________
对方科目________
出票日期：2018年12月5日

收款人：成都兰光机床有限责任公司
金　额：￥15 000.00
用　途：备用金

单位主管　刘峰　会计　徐红

本支票付款期限十天

中国工商银行　**现金支票**　支票
号码　№020522

出票日期（大写）：贰零壹捌年壹拾贰月零伍日　付款行名称：市工行滨江路分理处
收款人：成都兰光机床有限责任公司　出票人账号：40586123768

人民币（大写）：壹万伍仟元整	千	百	十	万	千	百	十	元	角	分
			￥	1	5	0	0	0	0	0

用途备用金
上列款项请从
我账户内支付
出票人签章

中国工商银行四川省分行
龙泉支行
2018.12.05
模拟
转讫
（9）

科目（借）________
对方科目（贷）________
付讫日期　年　月　日
出纳　复核　记账
贴对号单处
支票
号码：№020522

13. 支付在建工程款

5 日，以转账支票支付出包试验楼工程款 200 000 元（建行专用存款账户）。

主要原始单据：转账支票、收据。

中国建设银行
转账支票存根

支票号码：№002010
科　目________
对方科目________
出票日期 2018年12月5日

收款人：湖滨建筑安装公司
金　额：￥200 000.00
用　途：工程款

单位主管　刘峰　会计　徐红

本支票付款期限十天

中国建设银行　**转账支票**　支票号码　№002010

出票日期（大写）：贰零壹捌年壹拾贰月零伍日　付款行名称：建行西南路分理处
收款人：湖滨建筑安装公司　出票人账号：22113790478

人民币（大写）：贰拾万元整	千	百	十	万	千	百	十	元	角	分
		￥	2	0	0	0	0	0	0	0

用途工程款
上列款项请从
我账户内支付
出票人签章

中国建设银行四川省分行
龙泉支行
2018.12.05
模拟
转讫
（9）

科目（借）________
对方科目（贷）________
付讫日期　年　月　日
复核　记账

收 据

入账日期：2018年12月5日

交款单位 成都兰光机床有限责任公司 收款方式 转账

人民币（大写） 贰拾万元整 ￥200 000.00

收款事由 预收试验楼工程款，待工程决算后出具发票。

2018年 12月 5日

湘滨建筑安装公司 财务专用章 47241578312

单位盖章

财务主管： 记账： 出纳： 审核： 经办：

14. 向银行贷款

5日，因生产周转需要向工商银行贷款50万元，已完成贷款手续，款已入账。

主要原始单据：借款凭证第四联（收账通知）、贷款合同。

借款凭证第四联 （收账通知）

2018年12月5日 实贷日期（银行填写） 2018年12月5日 合同号码：1201

<table>
<tr><td rowspan="2">借款单位</td><td>名 称</td><td colspan="3">成都兰光机床有限责任公司</td><td colspan="4">约定偿还日期</td><td colspan="6">2019年12月5日</td></tr>
<tr><td>存款账号</td><td>40586123768</td><td>贷款账号</td><td>30281689</td><td colspan="4">展期偿还日期</td><td colspan="6">年 月 日</td></tr>
<tr><td colspan="2">贷款种类</td><td>短期</td><td>月利率</td><td>5‰</td><td colspan="4">贷款期限</td><td colspan="6">1年</td></tr>
<tr><td colspan="2" rowspan="2">申请借款金额</td><td rowspan="2">伍拾万元整</td><td rowspan="2">核准借款金额</td><td rowspan="2">伍拾万元整</td><td>千</td><td>百</td><td>十</td><td>万</td><td>千</td><td>百</td><td>十</td><td>元</td><td>角</td><td>分</td></tr>
<tr><td></td><td>￥</td><td>5</td><td>0</td><td>0</td><td>0</td><td>0</td><td>0</td><td>0</td><td>0</td></tr>
<tr><td colspan="2">借款直接用途</td><td colspan="3">1、流动资金周转</td><td colspan="10">2、</td></tr>
<tr><td colspan="2"></td><td colspan="3">3、</td><td colspan="10">4、</td></tr>
<tr><td colspan="4">上列借款已批准发放，转入你单位结算账户。
此致
单位
（银行盖章）
中国工商银行四川省分行 龙泉支行 2018.12.05 模拟 转讫 （9）</td><td colspan="11">银行分录：2018年12月5日
贷____________
借____________</td></tr>
</table>

贷款合同

成都兰光机床有限责任公司向工商银行龙泉分行贷款 50 万元，期限壹年，年利率 6%，2018 年 12 月 5 日完成贷款手续，利息每季度支付一次。

（其他略）

借款方：成都兰光机床有限责任公司

出借方：工商银行龙泉分行

2018 年 12 月 5 日

15. 支付职工教育费

5 日，以现金支付职工刘红培训费 2 000 元。

主要原始单据：行政事业性收费专用收据。

行政事业性收费专用收据

2018 年 12 月 5 日

交款单位	成都兰光机床有限责任公司		收费许可证	字（ ）号	
收费项目	职工培训费				
计费标准					
收费金额	合计金额（大写） 贰仟元整				
	¥2 000.00				
收款单位	成都阳光电脑培训学校	收款人	张芳	交款人	刘红

16. 支付逾期申报纳税罚款

6 日，支付逾期申报 10 月应纳税金罚款 1 000 元。

主要原始单据：税收缴款书。

中 华 人 民 共 和 国

税 收 缴 款 书

隶属关系：　　　　　　　　　　　　　　　　　（11）川地缴电　№0200103 号

经济类型：国有经济　　　　填发日期：2018 年 12 月 6 日　　　　征收机关：地税二分局

缴款单位（人）	代码	340101149237642	预算科目	款	罚款
	全称	成都兰光机床有限责任公司		项	逾期申报纳税罚款
	开户银行	市工行滨江路分理处		级次	市级
	账号	40586123768	收缴国库		东区金库
税款所属时期　2018 年 10 月 1～31 日			税款限缴日期　2018 年 11 月 6 日		

品目名称	课税数量	计税金额或销售收入	税率或单位税额	已缴或扣除额	实缴金额
罚款					1 000.00
金额合计	（大写）壹仟元整				￥1 000.00
缴款单位（人）（盖章）经办人（章）	税务机关（盖章）填票人（章）	上列款项已收妥并划转收款单位账户 国库（银行）盖章　年　月　日		备注：	

逾期不缴按税法规定加收滞纳金

17. 缴纳税款及附加费

6 日，以银行存款缴纳上月增值税、城市维护建设税、教育费附加和所得税共计 902 400 元。

主要原始单据：税收缴款书 2 张。

中 华 人 民 共 和 国

税 收 缴 款 书

隶属关系：　　　　　　　　　　　　　　　　　（11）川地缴电　№0289165 号

经济类型：国有经济　　　　填发日期：2018 年 12 月 6 日　　　　征收机关：地税二分局

缴款单位（人）	代码	340101149237642	预算科目	款	增值税
	全称	成都兰光机床有限责任公司		项	国有企业
	开户银行	市工行滨江路分理处		级次	市级
	账号	40586123768	收缴国库		东区金库
税款所属时期　2018 年 11 月 1～30 日			税款限缴日期　2018 年 12 月 6 日		

品目名称	课税数量	计税金额或销售收入	税率或单位税额	已缴或扣除额	实缴金额
增值税			17%		600 000.00
城市维护建设税			7%		68 400.00
教育费附加			3%		4 000.00
金额合计	（大写）陆拾柒万贰仟肆佰元整				￥672 400.00
缴款单位（人）（盖章）经办人（章）	税务机关（盖章）填票人（章）	上列款项已收妥并划转收款单位账户 国库（银行）盖章　年　月　日		备注：	

逾期不缴按税法规定加收滞纳金

中华人民共和国
税收缴款书

隶属关系：　　　　　　　　　　　　　　　　　　　（96）川地缴电　№0289165 号
经济类型：国有经济　　　　填发日期：2018 年 12 月 6 日　　　　征收机关：地税二分局

缴款单位（人）	代码	340101149237642	预算科目	款	所得税
	全称	成都兰光机床有限责任公司		项	国有企业
	开户银行	市工行滨江路分理处		级次	市级
	账号	40586123768	收缴国库		东区金库
税款所属时期	2018 年 11 月 1~30 日		税款限缴日期	2018 年 12 月 6 日	

品目名称	课税数量	计税金额或销售收入	税率或单位税额	已缴或扣除额	百	十	万	千	百	十	元	角	分
所得税					¥	2	3	0	0	0	0	0	0
合计（小写）					¥	2	3	0	0	0	0	0	0
金额合计	（大写）[illegible]拾叁万零仟零佰零拾零元零角零分整												

缴款单位（人）（盖章） 经办人（章）张行	税务机关（盖章） 填票人（章）孟良	上列款项已收妥并划转收款单位账户 国库（银行）盖章　年　月　日	备注

逾期不缴按税法规定加收滞纳金

成都兰光机床有限责任公司 财务专用章 54302578453
成都龙泉驿区地方税务局 01号 征税专用章
中国工商银行四川省分行 龙泉支行 2018.12.06 转讫 (9)

18. 赊购半成品

6 日，从四川电动机厂购进机床电动机 20 台，单价 1 400 元，增值税税率 17%，货物已验入库，款项暂未支付。

主要原始单据：材料验收入库单、四川省增值税专用发票（抵扣联略）。

材料验收入库单

供应单位：四川电动机厂　　　　　2018 年 12 月 6 日
发票号：________

材料类别	材料名称	规格材质	计量单位	数量	实收数量	单价	千	百	十	万	千	百	十	元	角	分
	机床电机		台	20	20	1 400．00			¥	2	8	0	0	0	0	0
检验：				运杂费												
结果：　检验员签章：				合计					¥	2	8	0	0	0	0	0
备　注：																

仓库主管：张士杰　　　　　　保管员：王斌　　　　　　经办人：李强

四川省增值税专用发票

发票联

开票日期：2018 年 12 月 6 日

购货单位	名称：成都兰光机床有限公司 纳税人识别号：514093862387652 地址、电话：成都龙泉大道 118 号、8400608 开户行及账号：工行滨江路分理处　40586123768	密码区	

货物及劳务名称	规格型号	单位	数量	单价	金额	税率	税额
机床电机	A18 型	台	20	1 400.00	28 000.00	17%	4 760.00
合计					28 000.00		4 760.00
价税合计（大写）	叁万贰仟柒佰陆拾元整				（小写）¥32 760.00		

销货单位	名称：四川电动机厂 纳税人识别号：340801277423690 地址、电话：成都市沿江路 406 号 84243755 开户行及账号：市工行营业部　101044679	备注	

销货单位（章）：　　收款人：　　复核：张梅林　　票人：姚正勇

四川电动机厂
财务专用章
27419543217

19. 以商业承兑汇票购买材料

6 日，向重庆钢铁厂购入锻钢 10 吨，单价 2 750 元，增值税税率为 17%，材料已入库，签发 3 个月商业承兑汇票。

主要原始单据：四川省增值税专用发票、商业承兑汇票、材料验收入库单。

四川省增值税专用发票

发票联

开票日期：2018 年 12 月 6 日

购货单位	名称：成都兰光机床有限公司 纳税人识别号：514093862387652 地址、电话：成都龙泉大道 118 号、8400608 开户行及账号：工行滨江路分理处　40586123768	密码区	

货物及劳务名称	规格型号	单位	数量	单价	金额	税率	税额
锻钢		吨	10	2 750.00	27 500.00	17%	4 675.00
合计					27 500.00		4 675.00
价税合计（大写）	叁万贰仟壹佰柒拾伍元整				（小写）¥32 175.00		

销货单位	名称：重庆钢铁厂 纳税人识别号：126100974669811 地址、电话：重庆市大渡口 123 号　69287338 开户行及账号：工行大渡口支行　9035780478	备注	

销货单位（章）：　　收款人：　　复核：　　开票人：

重庆钢铁厂
财务专用章
73612785142

中国工商银行
商业承兑汇票

汇票号码：

出票日期（大写）贰零壹捌年壹拾贰月零陆日

付款人	全　称	成都兰光机床有限责任公司	收款人	全　称	重庆钢铁厂
	账　号	40586123768		账　号	9035780478
	开户银行	工行滨江路分理处		开户银行	工行大渡口支行　行号

出票金额	千	百	十	万	千	百	十	元	角	分
人民币（大写）叁万贰仟壹佰柒拾伍元整			¥	3	2	1	7	5	0	0

汇票到期日	贰零壹玖年叁月零陆日	交易合同号码	

本汇票已经本单位承兑，到期日无条件支付票款。
此致

收款人：　　　　付款人签章

负责人：　　　经办：　　　年　　月　　日

中国工商银行四川省分行
龙泉支行
2018.12.06
受理凭证
专用章
模拟

汇票签发人盖章

负责：　　　　　　经办：

材料验收入库单

供应单位：重庆钢铁厂　　　　　2018年12月6日

发票号：

材料类别	材料名称	规格材质	计量单位	数量	实收数量	单价	金额 千	百	十	万	千	百	十	元	角	分
	锻钢		吨	10	10	2 750.00			¥	2	7	5	0	0	0	0
检验：				运杂费												
结果：　检验员签章：				合计					¥	2	7	5	0	0	0	0
备　注：																

仓库主管：张士杰　　　　保管员：王斌　　　　经办人：刘兵

20. 支付广告费

6 日，签发转账支票支付电视台商品广告费 12 000 元。

主要原始单据：转账支票、发票。

中国工商银行
转账支票存根

支票号码：№1003

科　　目________

对方科目________

出票日期 2018 年 12 月 6 日

收款人：三星电视台

金　额：￥12 000.00

用　途：广告费

单位主管 刘峰　会计 徐红

中国工商银行　**转账支票**　支票号码 №1003

本支票付款期限十天

出票日期（大写）：贰零壹捌年壹拾贰月零陆日 付款行名称：市工行滨江路分理处

收款人：三星电视台　出票人账号：40586123768

人民币（大写）：壹万贰仟元整	千	百	十	万	千	百	十	元	角	分
			￥	1	2	0	0	0	0	0

用途广告费　科目（借）________

上列款项请从我账户内支付　对方科目（贷）________

出票人签章　转账日期　年　月　日

复核　记账

中国工商银行四川省分行 龙泉支行 2018.12.06 模拟 转讫 (9)

四川省广告业专用发票

发　票　联

川 地税　1507321

付款单位：成都兰光机床有限责任公司　开票日期：2018 年 12 月 6 日

项目	单位	数量	单价	金额 万	千	百	十	元	角	分	备注
广告费				1	2	0	0	0	0	0	
合计金额（大写）壹万贰仟元整				1	2	0	0	0	0	0	

三星电视台 财务专用章 24157831425

收款单位（盖章有效）　收款　开票 乔士丹

21. 购买支票

6 日，从银行购买空白现金支票和转账支票各 2 本。

主要原始单据：空白凭证领用单（第三联）。

中国工商银行（龙泉支行）

空白凭证领用单（第三联）

领用单位：

名称 成都兰光机床有限责任公司　　　　（代缴费回单）

账号 4058612376　　　　2018 年 12 月 6 日　　　　字第　　　号

凭证种类		单位	数量	单价	金额				
名称	起讫号数				百	十	元	角	分
转账支票工本费	003501-003550	本	2	5.00		1	0	0	0
现金支票工本费	002851-002900	本	2	5.00		1	0	0	0
手续费			4	15.00		6	0	0	0
合　计					￥	8	0	0	0
合计人民币（大写）　捌拾元整									

（印章：中国工商银行四川省分行 龙泉支行 2018.12.06 模拟 转讫 (9)）

22. 转账支票支付前欠购货款

7 日，开转账支票支付前欠四川电机厂机床电动机货款 32 760. 00 元。

主要原始单据：转账支票。

中国工商银行
转账支票存根

支票号码：№1004

科　　目＿＿＿＿＿

对方科目＿＿＿＿＿

出票日期 2018 年 12 月 7 日

收款人：四川电动机厂

金　额：￥32 760. 00

用　途：货款

单位主管　　会计

刘峰　　　　刘红

本支票付款期限十天

中国工商银行　**转账支票**　支票号码 №1004

出票日期（大写）：贰零壹捌年壹拾贰月零柒日　付款行名称：市工行滨江路分理处

收款人：四川电动机厂　　　　出票人账号：40586123768

人民币（大写）：叁万贰仟柒佰陆拾元整	千	百	十	万	千	百	十	元	角	分
			￥	3	2	7	6	0	0	0

用途 支付货款　　　　科目（借）＿＿＿＿＿＿

上列款项请从　　　　对方科目（贷）＿＿＿＿＿＿

我账户内支付　　　　转账日期　　年　　月　　日

出票人签章　　　　复核　　　记账

（印章：中国工商银行四川省分行 龙泉支行 2018.12.07 模拟 转讫 (9)）

23. 销售商品并收到货款

7 日，销售给成都物资供应公司数控机床 6 台，单价 28 500 元，货款 171 000 元，增值税 29 070 元，已收到货款并存入银行。

主要原始单据：四川省增值税专用发票、中国工商银行进账单（收账通知）、产品出库单。

四川省增值税专用发票

发票联

开票日期：2018 年 12 月 7 日

购货单位	名称：成都物资供应公司 纳税人识别号：35800045369478 地址、电话：成都市长和路 31 号 68990520 开户行及账号：工行长和分理处 1035681023	密码区	

货物及劳务名称	规格型号	单位	数量	单价	金额	税率	税额
数控机床		台	6	28 500.00	171 000.00	17%	29 070.00
合计					171 000.00		29 070.00
价税合计（大写）	贰拾万零柒拾元整				（小写）￥200 070.00		

销货单位	名称：成都兰光机床有限公司 纳税人识别号：514093862387652 地址、电话：成都龙泉大道 118 号、8400608 开户行及账号：工行滨江路分理处 40586123768	备注	

销货单位（章）： 收款人： 复核： 开票人：郑辉

成都兰光机床有限责任公司 财务专用章 54302578453

中国工商银行进账单（收账通知）1

2018 年 12 月 7 日

付款人	全称	成都物资供应公司	收款人	全称	成都兰光机床有限责任公司	
	账号	1035681023		账号	40586123768	
	开户银行	建行成都西河分理处 行号 296		开户银行	工行滨江路分理处	行号 302

人民币（大写）	千	百	十	万	千	百	十	元	角	分
贰拾万零柒拾元整		￥	2	0	0	0	7	0	0	0

票据种类	转账支票
票据张数	1 张

中国工商银行四川省分行 龙泉支行 2018.12.07 模拟 转讫 （9）

单位主管 会计 复核 记账

持票人开户行盖章

产品出库单

采购单位：成都物资供应公司　　2018年12月7日

发票号：________　　字第　号

商品类别	商品名称	规格	计量单位	数量	单价	金额							
						十	万	千	百	十	元	角	分
机床	数控机床		台	6									
合计													
备注：													

仓库主管：张士杰　　保管员：徐勇　　经办人：王斌

24. 办理电汇归还前欠货款

7日，从银行汇款归还欠上海钢铁公司货款190 000元。

主要原始单据：中国工商银行电汇凭证（回单）。

中国工商银行电汇凭证（回单）

第7889号

委托日期　2018年12月7日　　凭证号码：I　01887889

付款人	全称	成都兰光机床有限责任公司			收款人	全称	上海钢铁股份有限公司		
	账号或住址	成都龙泉大道118号　40586123768				账号或住址	12358796348		
	汇出地点	成都市	汇出行名称	工商银行滨江路分理处		汇入地点	上海市	汇出行名称	工商银行四川路支行

委托金额		千	百	十	万	千	百	十	元	角	分
	人民币（大写）壹拾玖万元整		¥	1	9	0	0	0	0	0	0

（印章：中国工商银行四川省分行 龙泉支行 2018.12.07 模拟 转讫 (9)）

单位主管：张新　　会计：孙茜　　复核：张新　　记账：

25. 委托银行收回货款

8 日，收到银行转来委托收款凭证，系委托收回江南机械设备厂前欠货款200 000元。

主要原始单据：委托收款凭证（收账通知）。

委托收款凭证（收账通知）

委收号码：0689

委托日期 2018 年 12 月 8 日

<table>
<tr><td rowspan="3">付款人</td><td>全称</td><td colspan="2">江南机械设备厂</td><td rowspan="3">收款人</td><td>全称</td><td colspan="8">成都兰光机床有限责任公司</td></tr>
<tr><td>账号或地址</td><td colspan="2">南昌市大港路 43 号</td><td>账号或地址</td><td colspan="8">成都龙泉大道 118 号 40586123768</td></tr>
<tr><td>开户银行</td><td colspan="2">工商银行大港支行</td><td>开户银行</td><td colspan="8">工商银行滨河路分理处</td></tr>
<tr><td rowspan="2">委托金额</td><td colspan="5" rowspan="2">人民币（大写） 贰拾万元整</td><td>十</td><td>万</td><td>千</td><td>百</td><td>十</td><td>元</td><td>角</td><td>分</td></tr>
<tr><td>2</td><td>0</td><td>0</td><td>0</td><td>0</td><td>0</td><td>0</td><td>0</td></tr>
<tr><td>款项内容</td><td>货款</td><td>委托收款凭据名称</td><td colspan="3">应收账款</td><td>附寄单证张数</td><td colspan="7"></td></tr>
<tr><td colspan="4">备注：
电划</td><td colspan="2">款项收托日期

年 月 日</td><td colspan="8"></td></tr>
</table>

中国工商银行四川省分行 龙泉支行 2018.12.08 模拟 转讫 （9）

单位主管：张新　　会计：于辉　　复合　　记账

26. 核销应收账款

8 日，接金华市中级人民法院通知，金华机床经销公司因经营不善宣告破产，原欠货款 8 800 元予以核销。

主要原始单据：坏账损失核销确认决议。

坏账损失核销确认决议

由于金华机床经销公司经营不善，出现严重资不抵债，金牛市中级法院于本年十二月三日宣告其破产。根据金华市高级法院清算结果认定，金牛机床经销[illegible]欠本公司货款将全额不能收回，价税合计为捌仟捌佰元整。经公司董事会讨[illegible]决定，将该项应[illegible]账款确认为坏账损失。

成都兰光机床有限责任公司 模拟

2018 年 12 月 8 日

27. 销售商品并收取商业承兑汇票

8 日，销售给北方机电公司普通机床 5 台，单价 25 000 元，货款 125 000 元，增值税 21 250 元，已收到 3 个月到期商业承兑汇票。

主要原始单据：四川省增值税专用发票、商业承兑汇票、产品出库单。

四川省增值税专用发票

发票联

开票日期：2018 年 12 月 8 日

购货单位	名称：西安北方机电公司 纳税人识别号：134768783080458 地址、电话：西安市大雁路 110 号 76229043 开户行及账号：工行大雁分理处 2012290547				密码区		
货物及劳务名称	规格型号	单位	数量	单价	金额	税率	税额
普通机床		台	5	25 000.00	125 000.00	17%	21 250.00
合计					125 000.00		21 250.00
价税合计（大写）	壹拾肆万陆仟贰佰伍拾元整				（小写）￥146 250.00		
销货单位	名称：成都兰光机床有限公司 纳税人识别号：514093862387652 地址、电话：成都龙泉大道 118 号、8400608 开户行及账号：工行滨江路分理处 40586123768				备注		

销货单位（章）： 收款人： 复核： 开票人：郑辉

中国工商银行

商业承兑汇票

汇票号码：

出票日期（大写）贰零壹捌年壹拾贰月零捌日

付款人	全称	西安北方机电公司	收款人	全称	成都兰光机床有限责任公司										
	账号	2015590547		账号	40586123768										
	开户银行	工行大雁分理处		开户银行	工行滨江路分理处	行号									
出票金额		人民币（大写）壹拾肆万陆仟贰佰伍拾元整			千	百	十	万	千	百	十	元	角	分	
						￥	1	4	6	2	5	0	0	0	
汇票到期日		贰零壹玖年零叁月零捌日	交易合同号码												

本汇票已经本单位承兑，到期日无条件付款。

此致

收款人： 付款人签章

负责人： 经办： 年 月 日

汇票签发人盖章

负责： 经办：

中国工商银行陕西省分行 大雁支行 2018.12.08 受理凭证 模拟

产品出库单

采购单位：西安北方机电公司　　　　2018年12月8日

发 票 号：＿＿＿＿＿＿＿＿　　　　字第　　号

商品类别	商品名称	规格	计量单位	数量	单价	金额							
						十	万	千	百	十	元	角	分
机床	普通机床		台	5									
合计													
备注：													

仓库主管：张士杰　　　　保管员：徐勇　　　　经办人：王斌

28. 生产车间领用材料

9日，生产车间领用生铁25吨，焦炭3吨，锻钢8吨，黄铜2吨，分别用于生产数控机床和普通机床。

主要原始单据：成都兰光机床有限责任公司原材料领用单2张。

成都兰光机床有限责任公司

原材料领用单

领用部门：生产车间　　　　领用时间：2018年12月9日

用途：数控机床

材料编号	材料名称	规格型号	单位	请领数	实发数	单价	金额
	生铁		吨	15	15	2 500.00	37 500.00
	焦炭		吨	2	2	500.00	1 000.00
	锻钢		吨	4	4	2 790.00	11 160.00
	黄铜		吨	1	1	12 285.71	12 285.71
	合计			22	22		61 945.71

仓库主管：张士杰　　　　保管员：王斌　　　　经办人：张路

成都兰光机床有限责任公司

原材料领用单

领用部门：生产车间　　　　　　　　领用时间：2018 年 12 月 9 日

用途：普通机床							
材料编号	材料名称	规格型号	单位	请领数	实发数	单价	金额
	生铁		吨	10	10	2 500.00	25 000.00
	焦炭		吨	1	1	500.00	500.00
	锻钢		吨	4	4	2 790.00	11 160.00
	黄铜		吨	1	1	12 285.71	12 285.71
合计				16	16		48 945.71

仓库主管：张士杰　　　　保管员：王斌　　　　经办人：刘兵

29. 车间购买办公用品

9 日，生产车间购买各种办公用品 3 000 元，以转账支票支付。

主要原始单据：成都市商业零售发票、转账支票。

成都市商业零售发票

购货单位：成都兰光机床有限责任公司　　　　2018 年 12 月 9 日

商品名称	规格	数量	单位	单价	金额									
					千	百	十	万	千	百	十	元	角	分
办公用品								¥	3	0	0	0	0	0
合计人民币（大写）叁仟元整								¥	3	0	0	0	0	0

成都市百货商务　财务专用章　62084308540

开票单位（盖章）　　　　收款人：　　　　开票人：张敏

中国工商银行 转账支票存根	中国工商银行　转账支票　支票号码№1005
支票号码：№1005 科　目 对方科目 出票日期 2018年12月9日 收款人：成都百货商场 金　额：¥3 000.00 用　途：购办公用品 单位主管　刘峰　会计　徐红	出票日期（大写）：贰零壹捌年壹拾贰月零玖日　付款行名称：市工行滨江路分理处 收款人：成都市百货商场　出票人账号：4058123768 本支票付款期限十天 人民币（大写）：叁仟元整　千 百 十 万 千 百 十 元 角 分：¥ 3 0 0 0 0 0 用途购办公用品　科目（借） 上列款项请从我账户内支付　对方科目（贷） 转账日期　年　月　日 出票人签章　复核　记账 （印章：中国工商银行四川省分行 龙泉支行 2018.12.09 模拟 转讫 (9)）

30. 支付罚款

9 日，驾驶员张刚办理公事途中违反交通规则，经领导批准，同意报销罚款，以现金支付。

主要原始单据：滨海市公安交通管理局罚款专用发票。

滨海市公安交通管理局罚款专用发票

2018 年 12 月 9 日

付 款 人	张刚
罚款理由	车辆行驶违反交通规则　（现金付讫）
罚款金额	大写：伍佰元整

经手人：丁剑

31. 采购员报销差旅费

9 日，采购员李强出差回来，报销差旅费 9 600 元（原借款 8 000 元），以现金补付 1 600 元。

主要原始单据：差旅费报销单（车票、住宿费发票等略）。

差旅费报销单

部门名称：采购部　　　　起止日期：2018 年 12 月 1 日至 2018 年 12 月 8 日

出差人姓名		李强	出差地点		鞍山、大连		出差天数	8 天	事由：采购
车船及宿费	种类	票据张数	金额	出差补助费	出差地点	天数	标准	金额	报销结算情况
	火车费	8	2 100.00		鞍山	4	160.00	640.00	原出差借款8 000元，报销 9 600元补付：1 600 元
	飞机费	4	4 100.00		大连	4	160.00	640.00	
	长途汽车费								
	市内出租车费	15	520.00						
	住宿费	3	1 600.00						备注：
	其他								
	小计		8 320.00					1 280.00	
合计金额	大写：玖仟陆佰元整　　（小写）¥9 600.00 元								负责人：刘峰 支领人：李强

现金付讫　转讫

32. 支付电话费

10 日，以转账支票支付上月电话费 1 800 元。

主要原始单据：转账支票、成都电信有限责任公司通信费用发票。

中国工商银行
转账支票存根

支票号码：№1006
科　目________
对方科目________
出票日期 2018 年 12 月 10 日

收款人：市电信局
金　额：¥1 800.00
用　途：交电话费

单位主管　刘峰　　会计　徐红

中国工商银行　转账支票　捌　支票号码 №1006

本支票付款期限十天

出票日期（大写）：贰零壹捌年壹拾贰月壹拾日　付款行名称：市工行滨江路分理处

收款人：市电信局　出票人账号：4058123768

人民币（大写）：壹仟捌佰元整	千	百	十	万	千	百	十	元	角	分
				¥	1	8	0	0	0	0

用途交电话费　科目（借）________

上列款项请从我账户内支付　对方科目（贷）________

转账日期　年　月　日

出票人签章　复核　记账

中国工商银行四川省分行 龙泉支行 2018.12.10 模拟 转讫 (9)

成都电信有限责任公司通信费用发票

（20　　　）ANO：8724699

单位号码	5820060080—99		
以前余额	0.00	长途话费	1 000.00
本次应交	1 800.00	市内话费	800.00
		小计	1 800.00
金额	小写：¥1 800.00 元 大写：壹仟捌佰元整		
交费日期：2018 年 12 月 10 日			

客户确认：丁茜　　　　收据无收费单位公章无效

（印章：中国电信股份有限公司成都分公司 收费专用章）

33. 预借差旅费

11 日，采购员张兵预借差旅费 5 000 元，以现金支付。

主要原始单据：借款单。

借款单

2018 年 12 月 11 日

借款单位：供应部	借款用途：出差采购材料
借款金额：人民币（大写）伍仟元整　　¥5 000.00 元	
单位负责人意见： 同意借款 刘峰	借款人（签章）：张兵
备注：	

（印章：现金付讫）

34. 商业汇票到期收回货款

11 日，重庆机电公司 9 月 11 日购买商品开出的商业汇票到期，货款 200 000 元收回存入银行。

主要原始单据：银行承兑汇票、中国工商银行进账单（收账通知）。

银行承兑汇票

Ⅶ 06796834

出票日期（大写）贰零壹捌年壹拾贰月壹拾壹日

付款人	全　称	重庆机电公司	收款人	全　称	成都兰光机床有限责任公司	
	账　号	2963497		账　号	40586123768	
	开户银行	建行重庆南坪分理处　行号 296		开户银行	工行滨江路分理处	行号 302
出票金额		人民币（大写）贰拾万元整		千百十万千百十元角分	￥20000000	
汇票到期日		贰零壹捌年壹拾贰月壹拾壹日		承兑协议号	92	

重庆机电公司 财务专用章 742541125411

发人盖章：

中国建设银行重庆市分行 南坪支行 2018.12.11 模拟 转讫 (9)

本汇票经本行承兑，到期日由本行付交。

承兑银行盖章

备注：

中国工商银行进账单（收账通知）3

2018 年 12 月 11 日

出票人	全　称	重庆机电公司	收款人	全　称	成都兰光机床有限责任公司	
	账　号	2963497		账　号	40586123768	
	开户银行	建行重庆南坪分理处　行号 296		开户银行	工行滨江路分理处	行号 302
人民币（大写）贰拾万元整				千百十万千百十元角分	￥20000000	
票据种类		汇票				
票据张数		1 张				

中国工商银行四川省分行 龙泉支行 2018.12.11 模拟 转讫 (9)

单位主管　　会计　　复核　　记账

收款人开户行盖章

35. 收回欠货款

11 日，接银行通知，收到北京机电设备公司前欠货款 100 000 元。

主要原始单据：中国工商银行进账单。

中国工商银行进账单（收账通知）3

2018 年 12 月 11 日　　　　第　　号

出票人	全称	北京机电设备公司			收款人	全称	成都兰光机床有限责任公司	
	账号	701350456				账号	40586123768	
	开户银行	工行北营路分理处	行号	193		开户银行	工行滨江路分理处	行号 302
人民币（大写）壹拾万元整					千 百 十 万 千 百 十 元 角 分			
					¥ 1 0 0 0 0 0 0 0			
票据种类	信汇凭证							
票据张数	1							
单位主管　会计　复核　记账					收款人开户行盖章			

（印章：中国工商银行四川省分行 龙泉支行 2018.12.11 模拟 转讫 (9)）

36. 委托收款方式销售商品

12 日，销售给南江机床经销公司普通机床 4 台，单价 25 000 元，增值税税率 17%，代垫运费 500 元，委托银行收款。

主要原始单据：四川省增值税专用发票、托收承付凭证（收款通知）、成都铁路局运费杂费收据、产品出库单。

四川省增值税专用发票

发票联

开票日期：2018 年 12 月 12 日

购货单位	名称：南江机床经销公司 纳税人识别号：43810900346821 地址、电话：南江市三渠路 455 号　44311007 开户行及账号：工行三渠路分理处　2751364711				密码区		
货物及劳务名称	规格型号	单位	数量	单价	金额	税率	税额
普通机床		台	4	25 000.00	100 000.00	17%	17 000.00
合计					100 000.00		17 000.00
价税合计（大写）	壹拾壹万柒仟元整				（小写）¥117 000.00		
销货单位	名称：成都兰光[illegible]限公司 纳税人识别号：[illegible]2387652 地址、电话：[illegible]道 118 号、8400608 开户行及账号：工行滨江路分理处　40586123768				备注		

销货单位（章）　　收款人：　　复核：　　开票人：郑辉

（印章：成都兰光机床有限责任公司 财务专用章 54302578453）

托收承付　凭证（收款通知）5

委托日期 2018 年 12 月 12 日

付款人	全　称	南江机床经销公司			收款人	全　称	成都兰光机床有限责任公司									
	账　号	2751364711				账　号	40586123768									
	开户银行	工行三渠路分理处	行号	514		开户银行	工行滨江路分理处			行号		302				
托收金额		人民币（大写）壹拾壹万柒仟伍佰元整					千	百	十	万	千	百	十	元	角	分
								¥	1	1	7	5	0	0	0	0
附件		商品发运情况					合同名称号码									
附寄单证																
备注：		付款单位注意：根据结算方式规定，上列托收款项，在付款期限内未拒付时，即视同全部承付。如系全额支付即以此联代支款通知；如遇延时或部分支付时，再由银行另送延时或部分支付的支款通知。 1、 如需提前承付或多承付时，应另写书面通知送银行办理。 如系全部或部分拒付，应在承付期限内另填拒绝承付理由书送银行办理。														

中国工商银行四川省分行
龙泉支行
2018.12.12
受理凭证
专用章
模拟

单位主管　　会计　　复核　　记账　　付款人开户银行盖章　　月　　日

成都铁路局

运费杂费收据

付款单位或姓名：南江机床经销公司　　　　2018 年 12 月 12 日

原运输票据	年　月　日 第　　号		办理种别		
发　站	成都	到站	南江市		
车种车号		标重			
货物名称	件数	包装	重量	计费重量	
普通车床	4				
类　别	费率	数量	金额	附记	
运　费			500.00		
装车费					
合　计			¥500.00		
合计（大写）	伍佰元整				
收款单位：			经办人：		

成都铁路局
模拟
收费专用章

现金付讫

产品出库单

采购单位：南江机床经销公司　　　　2018年12月12日

发 票 号：________　　　　　　　　字第　号

商品类别	商品名称	规格	计量单位	数量	单价	金额							
						十	万	千	百	十	元	角	分
机床	普通机床		台	4									
合计													
备注：													

仓库主管：张士杰　　　　保管员：徐勇　　　　经办人：王斌

37. 发放工资

12日，发放11月份工资，并委托银行转入职工个人工资银行卡。

主要原始单据：成都兰光机床有限责任公司工资结算汇总表、转账支票、代发工资委托书、工资划款明细表。

成都兰光机床有限责任公司工资结算汇总表

2018年12月12日　　　　单位：元

车间或部门	职工类别	基本工资	津贴			奖金	缺勤应扣		应付工资	实发金额
			职务	岗位	其他		事假	迟到早退		
生产车间工人	数控机床	80 000		6 000		15 000			101 000	101 000
	普通机床	58 000		7 000		9 000			74 000	74 000
生产管理人员	管理人员	20 000	8 000			6 000			34 000	34 000
管理部门	管理人员	25 000	15 000			5 000			45 000	45 000
销售机构	销售人员	5 000	4 000			4 000			13 000	13 000
合计		188 000	27 000	13 000		39 000			267 000	267 000

单位负责人：刘峰　　　　复核：刘成刚　　　　制单：徐红

中国工商银行
转账支票存根

支票号码：№1007
科　　目________
对方科目________
出票日期 2018 年 12 月 12 日
收款人：________
金　额：￥26 7000.00
用　途：工资

单位主管　刘峰　　会计　徐红

本支票付款期限十天

中国工商银行　转账支票　支票号码№1007

出票日期（大写）：贰零壹捌年壹拾贰月壹拾贰日　付款行名称：工行滨江路分理处
收款人：　　出票人账号：4058123768

人民币（大写）	千	百	十	万	千	百	十	元	角	分
贰拾陆万柒仟元整		￥	2	6	7	0	0	0	0	0

用途工资　　科目（借）________
上列款项请从我账户内支付　　对方科目（贷）________
转账日期　　年　　月　　日
出票人签章　　复核　　记账

（印章：中国工商银行四川省分行 龙泉支行 2018.12.12 模拟 转讫 (9)）

代发工资委托书

单位名称　成都兰光机床有限责任公司　　内部户账号：4402268011921291224
代发工资文件名：40586123768
代发工资金额　￥267 000　　代发工资总笔数：88
单位预留印鉴
经办人：徐红　　提交银行日期：2018 年 12 月 12 日
银行受理情况（业务公章）

（印章：中国工商银行四川省分行 龙泉支行 2018.12.12 受理凭证专用章 模拟）
（印章：成都兰光机床有限责任公司 财务专用章 54302578453）

网点负责人：　　验证人：　　核算网点号：2090

工资划款明细表

工号	账号	姓名	金额	身份证号
001	5512130013122724	刘峰	5 000.00	（略）
002	5512130013122725	张忠民	4 500.00	…
…	…	…	…	…
…	…	…	转讫 …	…
…	…	…	…	…
…公司职工共 88 人，后续明细略				
合　　计：			267000	

38. 缴纳职工养老保险费

12 月 13 日，开转账支票支付社保局职工养老保险。

主要原始单据：社会保障基金同城特约委托收款凭证（付款通知）、转账支票。

社会保障基金
同城特约委托收款凭证（付款通知）

委托日期 2018 年 12 月 13 日　　　委托单位编号：00213

付款人	全　称	成都兰光机床有限责任公司		收款人	全　称	成都市社会保障局
	账　号	40586123768			账　号	6717544811
	开户银行	工行滨江路分理处	行号 302		开户银行	建行龙泉支行　行号 159
委托金额	人民币（大写）捌万元整				千 百 十 万 千 百 十 元 角 分	¥ 8 0 0 0 0 0 0
款项内容	社会保险基金	委托收款凭证名称	委托收款	附寄单证		

备注：2018 年 11 月至 2018 年 12 月

滞纳金：　　逾期：　　天，按规定标准计算

（中国工商银行四川省分行 龙泉支行 2018.12.13 受理凭证专用章 模拟）

上列款项：
1 已全部划回收入你方账户。
2 已收回部分款项收入你方账户。
3 全部未收到。

（付款人开户银行盖章）
2018 年 12 月 13 日

单位主管　　会计　　复核　　记账　　付款人开户银行盖章　　月　　日

中国工商银行
转账支票存根

支票号码：№1008
科　　目________
对方科目________
出票日期 2018 年 12 月 13 日

收款人：市社保局
金　额：￥80 000.00
用　途：养老保险

单位主管　刘峰　　会计　徐红

本支票付款期限十天

中国工商银行　**转账支票**　支票号码№1008

出票日期（大写）：贰零壹捌年壹拾贰月壹拾叁日　付款行名称：市工行滨江路分理处
收款人：成都市社会保障局　出票人账号：4058123768

人民币（大写）	千	百	十	万	千	百	十	元	角	分
捌万元整			￥	8	0	0	0	0	0	0

用途交养老保险　科目（借）________
上列款项请从　对方科目（贷）________
我账户内支付　转账日期　年　月　日
出票人签章　复核　记账

（中国工商银行四川省分行 龙泉支行 2018.12.13 模拟 转讫 (9)）

39. 缴纳职工住房公积金

12 月 13 日，开转账支票支付住房公积金中心住房公积金。

主要原始单据：住房公积金同城特约委托收款凭证（付款通知）、转账支票。

住房公积金
同城特约委托收款凭证（付款通知）

委托日期 2018 年 12 月 13 日　委托单位编号：00213

付款人	全　称	成都兰光机床有限责任公司		收款人	全　称	成都市住房公积金管理中心							
	账　号	40586123768			账　号	13742224198							
	开户银行	工行滨江路分理处	行号 302		开户银行	工行龙泉支行				行号 312			
委托金额		人民币（大写）柒万元整	千	百	十	万	千	百	十	元	角	分	
					￥	7	0	0	0	0	0	0	
款项内容		住房公积金	委托收款凭证名称	委托收款	附寄单证								

备注：2018 年 11 月至 2018 年 12 月
滞纳金：　逾期：　天，按规定标准计算
上列款项：
1. 已全部划回收入你方账户。
2. 已收回部分款项收入你方账户。
3. 全部未收到。

（中国工商银行四川省分行 龙泉支行 2018.12.13 受理凭证专用章 模拟）

（付款人开户银行盖章）
2018 年 12 月 12 日

单位主管　会计　复核　记账　付款人开户银行收到日期 2018 年 12 月 13 日
支付日期 2018 年 12 月 13 日

中国工商银行
转账支票存根

支票号码：№1009
科　目＿＿＿＿＿
对方科目＿＿＿＿＿
出票日期2018年12月13日
收款人：市住房公积金中心
金　额：￥70 000.00
用　途：养老保险
单位主管　刘峰　会计　徐红

中国工商银行　转账支票　支票号码№1009

本支票付款期限十天

出票日期（大写）：贰零壹捌年壹拾贰月壹拾叁日　付款行名称：市工行滨江路分理处
收款人：成都市住房公积金中心　出票人账号：4058123768

人民币（大写）：柒万元整	千	百	十	万	千	百	十	元	角	分
			￥	7	0	0	0	0	0	0

用途交住房公积金　科目（借）＿＿＿＿＿
上列款项请从我账户内支付　对方科目（贷）＿＿＿＿＿
转账日期　年　月　日
出票人签章　复核　记账

中国工商银行四川省分行 龙泉支行 2018.12.13 模拟 转讫 (9)

40. 固定资产报废

12 月 14 日，货车一台，因使用年限到期，经批准予以报废处理。

主要原始单据：固定资产报废单、四川省成都市商业销售发票（销售废旧物资发票）。

固定资产报废单

固定资产编号：083　　2018 年 12 月 14 日　　固定资产卡账号：17

货物名称	规格型号	单位	数量	预计使用年限	原值	已提折旧	备注
货车		台	1	7	60 000	58 000	清理报废
使用部门：生产车间							
固定资产状况及报废原因	正常报废						
处理意见	使用部门	技术鉴定小组			固定资产管理部门		主管部门审批
	申请报废 张路	符合报废条件 王鑫			同意申请报废 于勇		同意报废 技术科

四川省成都市商业销售发票

发票代码：3582011731942
发票号码：00035917

购货单位：成都市废旧物资回收公司　　　　2018 年 12 月 14 日填制

摘要	单位	数量	单价	金额									
				千	百	十	万	千	百	十	元	角	分
废旧汽车	台	1					¥	2	5	0	0	0	0
合计人民币（大写）贰仟伍佰元整							¥	2	5	0	0	0	0

收款单位（财务公章）　　会计：刘成刚　　收款人：徐红　　经手人：张路

41. 核销应收账款

14 日，新隆市中级人民法院宣告新隆物资公司破产，应收该公司货款予以核销。

主要原始单据：新隆市中级人民法院执行通知、成都兰光机床有限责任公司五届十次董事会决议公告、中国工商银行进账单。

新隆市中级人民法院

（2018）执监字第 785 号

成都兰光机床有限责任公司：

被申请人新隆物资供应公司于 2018 年 12 月 5 日作出裁定，宣告该公司破产还债。经清算组清算，该公司全部破产财产变现后，按破产清算顺序，除支付优先拨付的破产费用和职工生活费外剩余债权总额为 15 万元，按比例你们获得 5 000 元破产债权。未清偿债权不再清偿。

此复

2018-12-5

成都兰光机床有限责任公司
五届十次董事会决议公告

本公司及董事会全体成员保证信息披露内容的真实、准确和完整，没有虚假记载、误导性陈述或者重大遗漏。

成都兰光机床有限责任公司五届十次董事会会议通知于2018年12月7日，以书面、传真方式发给公司9名董事，会议于2018年12月10日在公司四楼会议室召开。应到董事9名，实到7名，2名董事办理了委托，刘宇恒独立董事委托江波独立董事出席会议并代为行使表决权，张健独立董事委托江波独立董事出席会议并代为行使表决权，符合《公司法》和《公司章程》的规定。会议由公司董事长刘峰先生主持，公司监事、部分高管人员列席了本次会议。经董事认真审议并表决，通过以下决议：以7票赞成，0票反对，0票弃权的表决结果，审议通过《关于公司核销坏账的决案》。

公司对因对方单位破产且核查确实无法回收的应收账款进行核销，本次核销的坏账金额为20 000元。

本次坏账的核销，优化了公司资产的质量，降低了日后的收账成本，有利于公司的长远发展。本次核销坏账不涉及关联交易。

成都兰光机床有限责任公司（印章：成都兰光机床有限责任公司 模拟）

成都兰光机床有限责任公司董事会

二〇一八年十二月七日

中国工商银行进账单（收账通知）3

2018年12月14日　　　　第　　号

出票人	全称	新隆物资供应公司		收款人	全称	成都兰光机床有限责任公司	
	账号	841307112			账号	40586123768	
	开户银行	工行红星支行	行号 313		开户银行	工行滨江路分理处	行号 302

人民币（大写）伍仟元整	千	百	十	万	千	百	十	元	角	分
				¥	5	0	0	0	0	0

票据种类		
票据张数		
单位主管　会计　复核　记账		收款人开户行盖章

（印章：中国工商银行四川省分行 龙泉支行 2018.12.14 模拟 转讫 (9)）

42. 购买低值易耗品

15 日，向成都劳保用品公司购买劳保服 100 套，劳保鞋 100 双，耐热手套1 000双，价税合计 12 870 元，以转账支票付款。

主要原始单据：四川省增值税专用发票（抵扣联略）、转账支票、商品验收入库单。

四川省增值税专用发票

发票联

开票日期：2018 年 12 月 15 日

购货单位	名称：成都兰光机床有限公司 纳税人识别号：514093862387652 地址、电话：成都龙泉大道 118 号、8400608 开户行及账号：工行滨江路分理处　40586123768	密码区	

货物及劳务名称	规格型号	单位	数量	单价	金额	税率	税额
劳保服		套	100	40.00	4 000.00	17%	680.00
劳保鞋		双	100	30	3 000.00	17%	510.00
耐热手套		双	1 000	4	4 000.00	17%	680.00
					11 000.00		1 870.00
价税合计（大写）	壹万贰仟捌佰柒拾元整				（小写）￥12 870.00		

销货单位	名称：成都劳保用品公司 纳税人识别号：310082453695317 地址、电话：成都市航天路 1 号、84856677 开户行及账号：工行大千分理处　2013550567	备注	

销货单位（章）：　　收款人：　　复核：　　开票人：王灿

（印章：成都市劳保用品公司 财务专用章 2415784261 2）

中国工商银行 转账支票存根

支票号码：№1010

科　目________

对方科目________

出票日期 2018 年 12 月 15 日

收款人：市劳保用品公司

金　额：￥12 870.00

用　途：购劳保用品

单位主管　刘峰　　会计　徐红

中国工商银行　转账支票　　支票号码 №1010

出票日期（大写）：贰零壹捌年壹拾贰月壹拾伍日　付款行名称：市工行滨江路分理处

收款人：成都劳保用品公司　　出票人账号：4058123768

本支票付款期限十天

人民币（大写）	壹万贰仟捌佰柒拾元整	千	百	十	万	千	百	十	元	角	分
				￥	1	2	8	7	0	0	0

用途购劳保用品　　科目（借）________

上列款项请从我账户内支付　　对方科目（贷）________

转账日期　　年　　月　　日

出票人签章　　复核　　记账

（印章：中国工商银行四川省分行 龙泉支行 2018.12.15 模拟 转讫 (9)）

商品验收入库单

供应单位：成都劳保用品公司　　　　2018 年 12 月 15 日

发票号：________________

商品名称	计量单位	数量	实收数据	单价	金额									
					千	百	十	万	千	百	十	元	角	分
劳保服	套	100	100	40				¥	4	0	0	0	0	0
劳保鞋	双	100	100	30					3	0	0	0	0	0
耐热手套	双	1 000	1 000	4					4	0	0	0	0	0
检验：		运杂费												
结果：　检验员签章：		合计					¥	1	1	0	0	0	0	0
备　注：														

仓库主管：张士杰　　　　收料员：王斌　　　　经办人：张兵

43. 赊购半成品

15 日，向四川电动机厂购入机床电机 7 台，单价 1 400 元，产品已验收入库，货款未付。

主要原始单据：四川省增值税专用发票（抵扣联略）、商品验收入库单。

四川省增值税专用发票

发票联

开票日期：2018 年 12 月 15 日

购货单位	名称：成都兰光机床有限公司 纳税人识别号：514093862387652 地址、电话：成都龙泉大道 118 号、8400608 开户行及账号：工行滨江路分理处　40586123768				密码区		
货物及劳务名称	规格型号	单位	数量	单价	金额	税率	税额
机床电机	A18 型	台	7	1 400.00	9 800.00	17%	1 666.00
合计					9 800.00		1 666.00
价税合计（大写）	壹万壹仟肆佰陆拾陆元整				（小写）¥11 466.00		
销货单位	名称：四川电动机厂 纳税人识别号：340801277423690 地址、电话：成都市沿江路 406 号 84243755 开户行及账号：市工行营业部　101044679				备注		

四川电动机厂 财务专用章 27419543217

销货单位（章）：　　　收款人：　　　复核：张梅林　　　票人：姚正勇

商品验收入库单

供应单位：四川电动机厂　　　　2018年12月15日

发票号：________________

商品名称	计量单位	数量	实收数据	单价	金额									
					千	百	十	万	千	百	十	元	角	分
机床电机	台	7	7	1 400				￥	9	8	0	0	0	0
检验：		运杂费												
结果：　检验员签章：		合计						￥	9	8	0	0	0	0
备　注：														

仓库主管：张士杰　　　　收料员：王斌　　　　经办人：李钢

44. 车间领用低值易耗品

15日，生产车间领用劳保服60套，劳保鞋60双，耐热手套60副。

主要原始单据：领料单。

领　料　单

2018年12月15日

材料类别	领用部门（用途）	规格材质	计量单位	数量	数量		金额	
					请领	实发	单价	总额
劳动保护服	车间		套	60	60	60	40	2 400
保护鞋	车间		双	60	60	60	30	1 800
耐热手套	车间		副	60	60	60	4	240
合　　计								￥4 440
用途：								

仓库主管：张士杰　　　　发料人：王斌　　　　领料人：张路

45. 产品领用包装箱

15 日，数控机床和普通机床生产分别领用包装箱 50 个。

主要原始单据：领料单。

领　料　单

2018 年 12 月 15 日

材料类别	领用部门（用途）	规格材质	计量单位	数量	数量		金额	
					请领	实发	单价	总额
包装箱	数控机床		个	50	50	50	20	1 000
包装箱	普通机床		个	50	50	50	20	1 000
合　　计								￥2 000
用途：								

仓库主管：张士杰　　　　发料人：王斌　　　　领料人：张路

46. 产品领用半成品

12 月 15 日，数控机床和普通机床分别领用机床电机 30 个，轴承 60 个。

主要原始单据：领料单。

领　料　单

2018 年 12 月 15 日

材料类别	领用部门（用途）	规格材质	计量单位	数量	数量		金额	
					请领	实发	单价	总额
机床电机	数控机床		台	30	30	30	1 400	42 000
机床电机	普通机床		台	30	30	30	1 400	42 000
轴承	数控机床		套	60	60	60	350	21 000
轴承	普通机床		套	60	60	60	350	21 000
合　　计								￥126 000
用途：生产机床								

仓库主管：张士杰　　　　发料人：王斌　　　　领料人：张路

47. 支付固定资产修理费

15 日，开转账支票支付成都大众汽车维修站修理费 5 850 元。（非生产经营用车）

主要原始单据：四川省增值税专用发票、转账支票。

四川省增值税专用发票

发票联

开票日期：2018 年 12 月 15 日

购货单位	名称：成都兰光机床有限公司 纳税人识别号：514093862387652 地址、电话：成都龙泉大道 118 号、8400608 开户行及账号：工行滨江路分理处　40586123768					密码区		
货物及劳务名称	规格型号	单位	数量	单价	金额	税率	税额	
汽车修理费					5 000.00	17%	850.00	
					5 000.00		850.00	
价税合计（大写）	伍仟捌佰伍拾元整				（小写）￥5 850.00			
销货单位	名称：成都大众汽车维修站 纳税人识别号：174853077582615 地址、电话：成都市石祥路 406 号　68552307 开户行及账号：市工行营业部　201355477					备注		

销货单位（章）：　　收款人：　　复核：张林　　开票人：姚勇

（印章：成都大众汽车维修站 财务专用章 3527458412）

中国工商银行
转账支票存根

支票号码：№1011

科　　目＿＿＿＿

对方科目＿＿＿＿

出票日期 2018 年 12 月 15 日

收款人：成都大众汽车维修站

金　额：￥5 850.00

用　途：付维修费

单位主管　刘峰　　会计　徐红

中国工商银行　**转账支票**　支票№1011
号码

出票日期（大写）：贰零壹捌年壹拾贰月壹拾伍日　付款行名称：市工行滨江路分理处

收款人：成都大众汽车维修站　出票人账号：4058123768

本支票付款期限十天

人民币（大写）	千	百	十	万	千	百	十	元	角	分
伍仟捌佰伍拾元整				￥	5	8	5	0	0	0

用途付维修费　　科目（借）＿＿＿＿

上列款项请从我账户内支付　　对方科目（贷）＿＿＿＿

转账日期　　年　　月　　日

出票人签章　　复核　　记账

（印章：中国工商银行四川省分行 龙泉支行 2018.12.15 模拟 转讫 (9)）

48. 在途材料入库

16 日，上月向川威钢铁厂购进锻钢 50 吨，单价 2 800 元；向长江机电厂购进生铁 4 吨，单价 2 500 元，已验收入库。

主要原始单据：材料验收入库单 2 张。

材料验收入库单

供应单位：川威钢铁公司　　　　2018 年 12 月 16 日

发票号：________

材料类别	材料名称	规格材质	计量单位	数量	实收数量	单价	金额									
							千	百	十	万	千	百	十	元	角	分
	锻钢		吨	50	50	2 800.00		¥	1	4	0	0	0	0	0	0
检验：				运杂费												
结果：　检验员签章：				合计				¥	1	4	0	0	0	0	0	0
备　注：																

仓库主管：张士杰　　　　保管员：王斌　　　　经办人：刘兵

材料验收入库单

供应单位：长江电机厂　　　　2018 年 12 月 16 日

发票号：________

材料类别	材料名称	规格材质	计量单位	数量	实收数量	单价	金额									
							千	百	十	万	千	百	十	元	角	分
	生铁		吨	4	4	2 500. 00			¥	1	0	0	0	0	0	0
检验：				运杂费												
结果：　检验员签章：				合计					¥	1	0	0	0	0	0	0
备　注：																

仓库主管：张士杰　　　　保管员：王斌　　　　经办人：刘兵

49. 预订报纸杂志

16 日，开出转账支票，支付预订明年报纸杂志费（金额较小，直接列入当期损益）。

主要原始单据：中国人民邮政报刊收据、转账支票。

中国人民邮政报刊收据

单位：成都兰光机床有限责任公司　　　　2018 年 12 月 16 日

报刊种类	附件（订阅单）		金额							
	起止日期	份数	十	万	千	百	十	元	角	分
成都商报	2019 年 1 月至 2019 年 12 月	6			1	0	0	0	0	0
四川日报	2019 年 1 月至 2019 年 12 月	6			1	2	0	0	0	0
大众机床	2019 年 1 月至 2019 年 12 月	7			2	2	0	0	0	0
营销策略	2019 年 1 月至 2019 年 12 月	7			2	4	0	0	0	0
合计人民币（大写）陆仟捌佰元整					6	8	0	0	0	0

（印章：成都市龙泉邮政报刊 收费专用章）

中国工商银行
转账支票存根

支票号码：№1012
科目________
对方科目________
签发日期：2018年12月16日

收款人：成都龙泉邮政局
金额：￥6 800.00
用途：订报纸杂志

单位主管　刘峰　　会计　徐红

中国工商银行　**转账支票**　支票号码　№1012

出票日期（大写）：贰零壹捌年壹拾贰月壹拾陆日　付款行名称：市工行滨江路分理处

收款人：成都龙泉邮政局　　出票人账号：4058123768

本支票付款期限十天

人民币（大写）：陆仟捌佰元整	千	百	十	万	千	百	十	元	角	分
				￥	6	8	0	0	0	0

用途　订报纸杂志

上列款项请从

我账户内支付

出票人签章

（印章：中国工商银行四川省分行龙泉支行 2018.12.16 模拟 转讫 (9)）

科目（借）________

对方科目（贷）________

付讫日期　　年　　月　　日

出纳　　复核　　记账

贴对号单处

支票号码：№1012

50. 收回销货款

16 日，接银行通知，托收南江机床经销公司货款 117 500 元已到账。

原如单据：中国工商银行进账单（收账通知）。

中国工商银行进账单（收账通知）3

2018年12月16日　　　　第　　号

付款人	全　称	南江机床经销公司	收款人	全　称	成都兰光机床有限责任公司
	账　号	2751364711		账　号	40586123768
	开户银行	工行三渠路分理处		开户银行	工行滨江路分理处

人民币（大写）	千	百	十	万	千	百	十	元	角	分
壹拾壹万柒仟伍佰元整		¥	1	1	7	5	0	0	0	0

票据种类	托收承付
票据张数	1 张

中国工商银行四川省分行 龙泉支行 2018.12.16 模拟 转讫 (9)

单位主管　会计　复核　记账　　　　收款人开户行盖章

51. 收到投资分红款

17 日，收到投资红光实业公司分派现金股利 20 000 元（成本法核算，前期未列应收股利）。

主要原始单据：中国工商银行进账单（收账通知）。

中国工商银行进账单（收账通知）1

2018年12月17日　　　　第　　号

付款人	全　称	成都红光实业公司	收款人	全　称	成都兰光机床有限责任公司
	账　号	1045440568		账　号	40586123768
	开户银行	工行东郊分理处		开户银行	工行滨江路分理处

人民币（大写）	千	百	十	万	千	百	十	元	角	分
贰万元整			¥	2	0	0	0	0	0	0

票据种类	
票据张数	

中国工商银行四川省分行 龙泉支行 2018.12.17 模拟 转讫 (9)

单位主管　会计　复核　记账　　　　收款人开户行盖章

52. 向希望工程基金会捐赠

17 日，向希望工程基金会捐赠人民币 20 000 元。

主要原始单据：中国工商银行转账支票、行政事业单位统一收据。

中国工商银行
转账支票存根

支票号码：№ 1013
科　　目________
对方科目________
出票日期 2018 年 12 月 17 日

收款人：希望工程基金会
金　额：￥20 000.00
用　途：捐赠

单位主管　刘峰　　会计　徐红

中国工商银行　**转账支票**　支票号码 №1013

本支票付款期限十天

出票日期（大写）：贰零壹捌年壹拾贰月壹拾柒日　付款行名称：工行滨江路分理处
收款人：希望工程基金会　　出票人账号：40586123768

人民币（大写）：贰万元整	千	百	十	万	千	百	十	元	角	分
			￥	2	0	0	0	0	0	0

用途捐赠　　　　　科目（借）________
上列款项请从　　　对方科目（贷）________
我账户内支付　　　转账日期　　年　　月　　日
出票人签章　　　　复核　　　记账

中国工商银行四川省分行
龙泉支行
2018.12.17
模拟
转讫
(9)

行政事业单位统一收据

缴费单位（或个人）：成都兰光机床有限责任公司　　　　2018 年 12 月 17 日

收费项目	计量单位	数量	单价	金额							备注
捐赠				万	千	百	十	元	角	分	
				2	0	0	0	0	0	0	
合计金额（大写）	贰万元整			2	0	0	0	0	0	0	

第二联：发票联

希望工程基金会
财务专用章
45741587412

开票人（章）　　　　收款人（章）：刘大海

53. 销售包装物

17 日，向成都机床销售公司销售包装箱 100 个，单价 30 元，增值税税率为 17%，收讫货款。

主要原始单据：四川省增值税专用发票、中国工商银行进账单（收账通知）、包装物出库单。

四川省增值税专用发票

发票联

开票日期：2018 年 12 月 17 日

购货单位	名称：成都机床销售公司 纳税人识别号：514025694100112 地址、电话：成都龙泉大道 16 号　84853169 开户行及账号：工行东郊分理处 30778621143				密码区		
货物及劳务名称	规格型号	单位	数量	单价	金额	税率	税额
包装箱		个	100	30.00	3 000.00	17%	510.00
合计					3 000.00		510.00
价税合计（大写）	叁仟伍佰壹拾元整				（小写）￥3 510.00		
销货单位	名称：成都兰光机床有限公司 纳税人识别号：514093862387652 地址、电话：成都龙泉大道 118 号、8400608 开户行及账号：工行滨江路分理处　40586123768				备注		

销货单位（章）：　　收款人：　　复核：　　开票人：郑辉

中国工商银行进账单（收账通知）1

2018 年 12 月 17 日　　　　第　　号

付款人	全　称	成都机床销售公司	收款人	全　称	成都兰光机床有限责任公司
	账　号	30778621143		账　号	40586123768
	开户银行	工行东郊分理处		开户银行	工行滨江路分理处
人民币（大写）叁仟伍佰壹拾元整			千 百 十 万 千 百 十 元 角 分		￥ 3 5 1 0 0 0
票据种类					
票据张数					
单位主管　会计　复核　记账			收款人开户行盖章		

包装物出库单

采购单位：成都机床销售公司　　2018年12月17日

发 票 号：________　　字第　号

商品类别	商品名称	规格	计量单位	数量	单价	金额							
						十	万	千	百	十	元	角	分
包装	包装箱		个	100									
合　计													
备注：													

仓库主管：张士杰　　保管员：王斌　　经办人：王斌

54. 支付房屋维修费

17日，转账支付房屋维修费10 000元。其中：办公楼维修费6 000元，车间厂房维修费4 000元。

主要原始单据：中国工商银行转账支票、四川省成都市建筑安装业统一发票。

中国工商银行
转账支票存根

支票号码：№ 1014

科　　目________

对方科目________

出票日期 2018年12月17日

收款人：市腾飞建安公司

金　额：¥10 000.00

用　途：维修费

单位主管　刘峰　　会计　徐红

本支票付款期限十天

中国工商银行　**转账支票**　支票号码№1014

出票日期（大写）：贰零壹捌年壹拾贰月壹拾柒日　付款行名称：工行滨江路分理处

收款人：成都市腾飞建安公司　　出票人账号：40586123768

人民币（大写）：壹万元整	千	百	十	万	千	百	十	元	角	分
			¥	1	0	0	0	0	0	0

用途 维修费　　科目（借）________

上列款项请从我账户内支付

中国工商银行四川省分行 龙泉支行 2018.12.17 模拟 转讫 (9)

对方科目（贷）________

转账日期　年　月　日

出票人签章　　复核　　记账

四川省成都市建筑安装业统一发票

发票代码：2569101731942
发票号码：00036785
付款单位：成都兰光机床有限责任公司　　2018 年 12 月 17 日填制

项目	单位	数量	单价	金额									
				千	百	十	万	千	百	十	元	角	分
房屋维修费							¥	6	0	0	0	0	0
车间厂房							¥	4	0	0	0	0	0
合计人民币（大写）	壹万元整					¥	1	0	0	0	0	0	0

收款单位（财务公章）　　收款人：　　经手人：刘平

成都市腾飞建安公司
财务专用章
31452741254

55. 赊销商品

18 日，向南江机床经营公司赊销数控机床 6 台，单价 30 000 元，增值税税率为 17%，款项尚未收到。

主要原始单据：四川省增值税专用发票、产品出库单。

四川省增值税专用发票

发票联

开票日期：2018 年 12 月 18 日

购货单位	名称：南江机床经销公司 纳税人识别号：43810900346821 地址、电话：南江市三渠路 455 号　43112089 开户行及账号：工行三渠路分理处　2751364711					密码区	
货物及劳务名称	规格型号	单位	数量	单价	金额	税率	税额
数控机床		台	6	30 000.00	180 000.00	17%	30 600.00
合计					180 000.00		30 600.00
价税合计（大写）	贰拾壹万零陆佰元整				（小写）¥210 600.00		
销货单位	名称：成都兰光机床有限公司 纳税人识别号：514093862387652 地址、电话：成都龙泉大道 118 号、8400608 开户行及账号：工行滨江路分理处　40586123768					备注	

销货单位（章）：　　收款人：　　复核：　　开票人：郑辉

成都兰光机床有限责任公司
财务专用章
54302578453

产品出库单

采购单位：南江机床经销公司　　　　2018 年 12 月 18 日

发 票 号：________________　　　　　　　　字第　　号

商品类别	商品名称	规格	计量单位	数量	单价	金额							
						十	万	千	百	十	元	角	分
机床	数控机床		台	6									
合　计													
备注：													

仓库主管：张士杰　　　　保管员：徐勇　　　　经办人：王斌

56. 领用低值易耗品

18 日，行政办公室领用打印纸 10 本，生产车间领用打印纸 5 本。

主要原始单据：领料单 2 张。

领　料　单

2018 年 12 月 18 日

材料类别	领用部门（用途）	规格材质	计量单位	数量	数量		金额	
					请领	实发	单价	总额
打印纸	车间		本	5	5	5	20	100
合　　计								￥100
用途：								

仓库主管：张士杰　　　　发料人：王斌　　　　领料人：张路

领 料 单

2018年12月18日

材料类别	领用部门（用途）	规格材质	计量单位	数量	数量		金额	
					请领	实发	单价	总额
打印纸	行政		本	10	10	10	20	200
合 计								¥200
用途：								

仓库主管：张士杰　　发料人：王斌　　领料人：刘燕

57. 支付排污费

18日，开出转账支票付本市环境监理站排污费23 000元。

主要原始单据：转账支票、行政事业单位专用收据。

中国工商银行
转账支票存根

支票号码：№ 1015
科 目________
对方科目________
出票日期2018年12月18日
收款人：市环境监理站
金 额：¥23 000.00
用 途：排污费

单位主管 刘峰　　会计 徐红

中国工商银行 **转账支票** 支票号码№1015

本支票付款期限十天

出票日期（大写）：贰零壹捌年壹拾贰月壹拾捌日　付款行名称：工行滨江路分理处

收款人：成都市环境监理站　　出票人账号：40586123768

人民币（大写）：贰万叁仟元整	千	百	十	万	千	百	十	元	角	分
			¥	2	3	0	0	0	0	0

用途付排污费　　科目（借）________

上列款项请从我账户内支付　　对方科目（贷）________

中国工商银行四川省分行 龙泉支行 2018.12.18 模拟 转讫 (9)

付讫日期 年 月 日

出票人签章　　复核　　记账

行政事业单位专用收据

付款单位：成都兰光机床有限责任公司　　　　2018 年 12 月 18 日

收费项目	计量单位	数量	单价	金额							备注
				万	千	百	十	元	角	分	
排污费				2	3	0	0	0	0		
合计金额（大写）	贰万叁仟元整			2	3	0	0	0	0	0	

第二联：发票联

（印章：成都市环境监理站 财务专用章 41254368122）

开票人（章）：王平　　　　收款人（章）：

58. 银行承兑汇票到期收回货款

18 日，西安北方机电公司 6 月 18 日购买商品开出的银行承兑汇票到期，货款 300 000元收回，存入银行。

主要原始单据：银行承兑汇票、中国工商银行进账单（收账通知）。

银 行 承 兑 汇 票

Ⅶ 06796834

出票日期（大写）贰零壹捌年零陆月壹拾捌日

付款人	全　称	西安北方机电公司	收款人	全　称	成都兰光机床有限责任公司	
	账　号	356078001		账　号	40586123768	
	开户银行	建行西安分理处　行号 296		开户银行	工行滨江路分理处	行号 302
出票金额		人民币（大写）叁拾万元整			千 百 十 万 千 百 十 元 角 分	¥ 3 0 0 0 0 0 0 0
汇票到期日		贰零壹捌年壹拾贰月壹拾捌日			承兑协议号	92
（印章：西安北方电机公司 财务专用章 4212274419112）汇票签发人盖章					本汇票经本行承兑，到期日由本行付交。（印章：中国工商银行四川省分行 龙泉支行 2018.12.18 受理凭证专用章 模拟）承兑银行盖章	

中 国 工 商 银 行进账单（收账通知）3

2018 年 12 月 16 日

出票人	全　称	西安北方机电公司		收款人	全　称	成都兰光机床有限责任公司							
	账　号	356078001			账　号	40586123768							
	开户银行	建行西安分理处	行号 296		开户银行	工行滨江路分理处	行号 302						
人民币（大写）叁拾万元整				千	百	十	万	千	百	十	元	角	分
					¥	3	0	0	0	0	0	0	0
票据种类				收款人开户行盖章									

中国工商银行四川省分行 龙泉支行 汇票 2018.12.18 模拟 转讫 (9)

模拟

59. 购买固定资产

18 日，开出转账支票向成都市光明设备公司购买需安装的非生产经营设备 1 台，单价 100 000 元，增值税税率为 17%。（增值税列入成本）

主要原始单据：转账支票、四川省增值税专用发票（抵扣联略）。

中国工商银行
转账支票存根

支票号码：№ 1016
科　　目________
对方科目________
出票日期 2018 年 12 月 18 日
收款人：市光明设备公司
金　额：¥117 000.00
用　途：购固定资产

单位主管　刘峰　　会计　徐红

本支票付款期限十天

中国工商银行　**转账支票**　支票号码 №1016

出票日期（大写）：贰零壹捌年壹拾贰月壹拾捌日　付款行名称：工行滨江路分理处
收款人：成都市光明设备公司　出票人账号：40586123768

人民币（大写）：壹拾壹万柒仟元整	千	百	十	万	千	百	十	元	角	分
		¥	1	1	7	0	0	0	0	0

用途购固定资产　　科目（借）________
上列款项请从我账户内支付　　对方科目（贷）________
转账日期　　年　　月　　日
出票人签章　　复核　　记账

中国工商银行四川省分行 龙泉支行 2018.12.18 模拟 转讫 (9)

四川省增值税专用发票

发票联

开票日期：2018 年 12 月 18 日

购货单位	名称：成都兰光机床有限责任公司 纳税人识别号：514093862387652 地址、电话：成都龙泉大道 118 号、8400608 开户行及账号：工行滨江路分理处 40586123768				密码区		
货物及劳务名称	规格型号	单位	数量	单价	金额	税率	税额
炼钢炉		台	1	100 000.00	100 000.00	17%	17 000.00
合计					100 000.00		17 000.00
价税合计（大写）	壹拾壹万柒仟元整				（小写）￥117 000.00		
销货单位	名称：成都光明设备公司 纳税人识别号：321985547014 地址、电话：成都市石祥路 306 号 68990766 开户行及账号：市工行营业部 2013634889				备注		

销货单位（章）： 收款人： 复核：张小林 开票人：郑元

60. 生产车间领用材料

19 日，生产车间领用生铁 30 吨，焦炭 3 吨，锻钢 7 吨，黄铜 2 吨，煤炭 20 吨，分别用于生产数控机床和普通机床。

主要原始单据：领料单 2 张。

成都兰光机床有限责任公司

原材料领用单

领用部门：生产车间 领用时间：2018 年 12 月 19 日

用途：数控机床

材料编号	材料名称	规格型号	单位	请领数	实发数	单价	金额
	生铁		吨	20	20	2 500.00	50 000.00
	焦炭		吨	2	2	500.00	1 000.00
	锻钢		吨	4	4	2 795.43	11 181.72
	黄铜		吨	1	1	12 285.71	12 285.71
	煤炭		吨	10	10	300.00	3 000.00
	合计			37	22		77 467.43

仓库主管：张士杰 保管员：王斌 经办人：张路

成都兰光机床有限责任公司

原材料领用单

领用部门：生产车间　　　　　　　　　　　　　领用时间：2018 年 12 月 19 日

用途：普通机床							
材料编号	材料名称	规格型号	单位	请领数	实发数	单价	金额
	生铁		吨	10	10	2 500.00	25 000.00
	焦炭		吨	1	1	500.00	500.00
	锻钢		吨	3	3	2 795.43	8 386.29
	黄铜		吨	1	1	12 285.71	12 285.71
	煤碳		吨	10	10	300.00	3 000.00
	合计			25	25		49 172.00

仓库主管：张士杰　　　　　　保管员：王斌　　　　　　经办人：刘兵

61. 支付法律咨询费

19 日，现金支付成都大众律师事务所法律咨询费 3 000 元。

主要原始单据：成都市服务行业发票、收款收据。

成都市服务行业发票

发票代码：5469101731942
发票号码：00091257

付款单位：成都兰光机床有限责任公司　　　　　　2018 年 12 月 19 日

服务项目	计量单位	数量	单价	金额							备注
				万	千	百	十	元	角	分	
法律咨询费				¥	3	0	0	0	0	0	
合计金额（大写）	叁仟元整			¥	3	0	0				

第二联：发票联

成都大众律师事务所 财务专用章 35174841442

开票人（章）：王平　　　　　　　　　　收款人（章）：

收款收据

入账日期：2018 年 12 月 19 日

交款单位	成都兰光机床有限责任公司	收款方式	现金
收款事由	法律咨询费		
收款金额	￥3 000元	（大写）	叁仟零百零十零元零角零分
备注	成都大众律师事务所 财务专用章 35174841442		

会计： 出纳：张小梅 经办人：

62. 预付财产保险费

19 日，签发转账支票向阳光财产保险公司预付财产保险费 39 000 元，保险期限为 2018 年 11 月 30 日至 2019 年 11 月 30 日。

主要原始单据：转账支票、阳光保险公司收费专用收据。

中国工商银行
转账支票存根

支票号码：№ 1017
科　　目________
对方科目________
出票日期 2018 年 12 月 19 日

收款人：阳光保险公司
金　额：￥39 000.00
用　途：付财产保险费

单位主管 刘峰　　会计 徐红

本支票付款期限十天

中国工商银行 **转账支票** 支票号码 №1017

出票日期（大写）：贰零壹捌年壹拾贰月壹拾玖日 付款行名称：工行滨江路分理处
收款人：阳光保险公司 出票人账号：40586123768

人民币（大写）：叁万玖仟元整	千	百	十	万	千	百	十	元	角	分
			￥	3	9	0	0	0	0	0

用途付财产保险费　　科目（借）________
上列款项请从　　对方科目（贷）________
我账户内支付　　转账日期　年　月　日
出票人签章　　复核　　记账

中国工商银行四川省分行 龙泉支行 2018.12.19 模拟 转讫 (9)

阳光保险公司收费专用收据

2018 年 12 月 19 日

交款单位	成都兰光机床有限责任公司		
收费项目	财产保险费		
计费标准	财产保险费39 000元(具体计算标准略)		
收费金额	合计金额（大写）叁万玖仟元整		
	￥39 000.00		
收款人	李娜	交款人	

成都阳光保险公司 收费专用章

63. 赊销产品

19 日，向北京机电设备公司赊销普通机床 8 台，单价 20 000 元，增值税税率为 17%，款项尚未收到。

主要原始单据：四川省增值税专用发票、产品出库单。

四川省增值税专用发票

发票联

开票日期：2018 年 12 月 19 日

购货单位	名称：北京机电设备公司 纳税人识别号：711002893478335 地址、电话：北京市三渠路455号　98332067 开户行及账号：工行三渠路分理处　562341905				密码区		
货物及劳务名称	规格型号	单位	数量	单价	金额	税率	税额
普通机床		台	8	20 000.00	160 000.00	17%	27 200.00
合计					160 000.00		27 200.00
价税合计（大写）	壹拾捌万柒仟贰佰元整				（小写）￥187 200.00		
销货单位	名称：成都兰光机床有限责任公司 纳税人识别号：514093862387652 地址、电话：成都龙泉大道118号、8400608 开户行及账号：工行滨江路分理处　40586123768				备注		

销货单位（章）：　　收款人：　　复核：　　开票人：郑辉

成都兰光机床有限责任公司 财务专用章 5430257845

产 品 出 库 单

采购单位：北京机电设备公司　　2018年12月19日

发 票 号：________　　　　字第　号

商品类别	商品名称	规格	计量单位	数量	单价	金额							
						十	万	千	百	十	元	角	分
机床	普通机床		台	8									
合　计													

备注：

仓库主管：张士杰　　　保管员：徐勇　　　经办人：王斌

64. 结转安装完工固定资产

20日，18日购入的非生产经营用设备已安装完毕，支付安装费3 855元，设备现已投入使用。

主要原始单据：转账支票、固定资产完工通知单。

中国工商银行
转账支票存根

支票号码：№ 1018
科　目________
对方科目________
出票日期 2018年12月20日
收款人：成都市光明设备公司
金　额：¥3 855.00
用　途：付安装费

单位主管　刘峰　　会计　徐红

中国工商银行　**转账支票**　支票号码 №1018

本支票付款期限十天

出票日期（大写）：贰零壹捌年壹拾贰月贰拾日　付款行名称：工行滨江路分理处
收款人：成都市光明设备公司　　出票人账号：40586123768

人民币（大写）：叁仟捌佰伍拾伍元整	千	百	十	万	千	百	十	元	角	分
				¥	3	8	5	5	0	0

用途付安装费　　科目（借）________
上列款项请从　　对方科目（贷）________
我账户内支付　　转账日期　年　月　日
出票人签章　　复核　　记账

中国工商银行四川省分行
龙泉支行
2018.12.20
模拟
转讫
(9)

固定资产完工通知单

2018 年 12 月 20 日

名称	购买价	安装费	其他费用	合计
非生产经营用设备	¥117 000.00	¥3 855.00	0	¥120 855.00
备注				

65. 采购原材料

20 日，向新光钢铁厂赊购生铁 50 吨，单价 2 500 元，增值税税率为 17%，已验收入库。

主要原始单据：四川省增值税专用发票（抵扣联略）、材料验收入库单。

四川省增值税专用发票

发票联

开票日期：2018 年 12 月 20 日

购货单位	名称：成都兰光机床有限责任公司 纳税人识别号：514093862387652 地址、电话：成都龙泉大道 118 号、8400608 开户行及账号：工行滨江路分理处　40586123768	密码区

货物及劳务名称	规格型号	单位	数量	单价	金额	税率	税额
生铁		吨	50	2 500.00	125 000.00	17%	21 250.00
合计					125 000.00		21 250.00
价税合计（大写）	壹拾肆万陆仟贰佰伍拾元整				（小写）¥146 250.00		

销货单位	名称：新光钢铁厂 纳税人识别号：126100974669811 地址、电话：攀枝花市大兴路 123 号　77230569 开户行及账号：工行大兴路支行　62590018	备注

新光钢铁厂 财务专用章 7425648124

销货单位（章）：　　收款人：　　复核：　　开票人：刘杰

材料验收入库单

供应单位：新光钢铁厂　　　　2018年12月20日

发票号：________________

材料类别	材料名称	规格材质	计量单位	数量	实收数量	单价	金额									
							千	百	十	万	千	百	十	元	角	分
	生铁		吨	50	50	2500.00		¥	1	2	5	0	0	0	0	0
检验：				运杂费												
结果：　检验员签章：				合计				¥	1	2	5	0	0	0	0	0
备　注：																

仓库主管：张士杰　　　　保管员：王斌　　　　经办人：刘兵

66. 支付货车费用

20日，货车班长李钢报销车辆油费及过路过桥费等，以现金支付。

主要原始单据：成都兰光机床有限责任公司费用报销单。

成都兰光机床有限责任公司费用报销单　领款人：李钢

2018年12月20日

部门 销售部				报销人　李钢		
项目	汽油费	过路过桥费	洗停车费			合计
金额	6 000元	2 000元	500元			8 500元
单据张数	15张	40张	60张			115张
报销金额（大写）—— 捌 仟 伍 佰 零 拾 零 元 零 角 零 分						
核实金额（大写）—— 捌 仟 伍 佰 零 拾 零 元 零 角 零 分						
备注						

现金付讫

审批人：朱玉强　　财务负责人：　　部门负责人：　　经手人：魏华等4人

67. 支付小车费用

20 日，小车司机报销车辆油费及过路过桥费等，以现金支付。

主要原始单据：成都兰光机床有限责任公司费用报销单。

成都兰光机床有限责任公司费用报销单　领款人：张泉

2018 年 12 月 20 日

报销部门　行政部			报销人　张泉			
项目	汽油费	过路过桥费	洗停车费			合计
金额	1 000 元	500 元	200 元			1 700 元
单据张数	8 张	25 张	35 张			68 张
报销金额（大写）—— 壹仟柒佰零拾零元零角零分						
核实金额（大写）—— 壹仟柒佰零拾零元零角零分						
备注						

现金付讫

单位负责人：朱玉强　财务负责人：　部门负责人：　经手人：张泉

68. 接受追加投资

20 日，黄河实业投资公司追加投资 500 000 元，款项已存入银行。

主要原始单据：中国工商银行进账单（收账通知）、追加投资协议、验资报告（略）。

中国工商银行进账单（收账通知）1

2018 年 12 月 20 日

付款人	全称	黄河实业投资公司		收款人	全称	成都兰光机床有限责任公司	
	账号	4251254772			账号	40586123768	
	开户银行	建行重庆南坪分理处	行号 356		开户银行	工行滨江路分理处	行号 302

人民币（大写）伍拾万元整	千	百	十	万	千	百	十	元	角	分
		¥	5	0	0	0	7	0	0	0

票据种类	银行汇票	投资款
票据张数	1 张	

中国工商银行四川省分行　龙泉支行　2018.12.19　模拟　转讫　(9)

持票人开户行盖章

单位主管　会计　复核　记账

追加投资协议

经投资各方协商决定，同意黄河实业投资公司追加投资伍拾万元整。其受益权同初始投资相同。

成都兰光机床有限责任公司

股东：长江资产管理公司（签章）

黄河实业投资公司（签章）

2018年12月20日

69. 预计或有负债

21日，2017年3月公司因与S公司签订了互相担保协议，而成为相关诉讼的被告，截至2018年12月21日，诉讼尚未判决。由于S公司濒临破产，企业很可能承担还款连带责任。根据法律顾问预计，本公司承担金额21万元连带责任的可能性为70%。

主要原始单据：担保协议。

担保协议

2017年3月16日成都兰光机床有限责任公司与S公司签订了互相担保协议，为S公司提供担保21万元。（其他内容略）

担保方：成都兰光机床有限责任公司（签章）

被担保方：S公司（签章）

2017年3月16日

70. 出售专利权

21 日，公司将拥有的一项专利权出售给湖南腾飞公司，取得收入 230 000 元，应交增值税 11 500 元。该专利权的账面余额为 200 000 元，累计摊销额为 40 000 元。

主要原始单据：中国工商银行进账单（收账通知）、专利权转让协议。

中国工商银行进账单（收账通知）1

2018 年 12 月 21 日

付款人				收款人			
付款人	全　称	湖南腾飞公司		收款人	全　称	成都兰光机床有限责任公司	
	账　号	280015846			账　号	40586123768	
	开户银行	建行湖南三江分理处	行号 296		开户银行	工行滨江路分理处	行号 302

人民币（大写）	千	百	十	万	千	百	十	元	角	分
贰拾叁万元整		¥	2	3	0	0	0	0	0	0

票据种类	信汇凭证	
票据张数	1 张	
		付专利权款
单位主管　会计　复核　记账		持票人开户行盖章

中国工商银行四川省分行 龙泉支行 2018.12.21 模拟 转讫 (9)

专利权转让协议

成都兰光机床有限责任公司将其拥有的一项专利权转让给湖南腾飞公司，转让价款贰拾叁万元整（¥230 000元），价款于协议签订日支付。（其他内容略）

成都兰光机床有限责任公司 模拟

湖南腾飞公司 模拟

转让方：成都兰光机床有限责任公司

受让方：湖南腾飞公司

2018 年 12 月 21 日

71. 赊销产品

21 日，向上海机床经营公司赊销数控机床 4 台，单价 31 000 元，增值税税率为 17%。

主要原始单据：四川省增值税专用发票、产品出库单。

四川省增值税专用发票

发票联

开票日期：2018 年 12 月 21 日

购货单位	名称：上海机床经营公司 纳税人识别号：511002896627 地址、电话：上海市三渠路 455 号 55310987 开户行及账号：工行三渠路分理处 833400211	密码区	

货物及劳务名称	规格型号	单位	数量	单价	金额	税率	税额
数控机床		台	4	31 000.00	124 000.00	17%	21 080.00
合计					124 000.00		21 080.00
价税合计（大写）	壹拾肆万伍仟零捌拾元整				（小写）￥145 080.00		

销货单位	名称：成都兰光机床有限责任公司 纳税人识别号：514093862387652 地址、电话：成都龙泉大道 118 号、8400608 开户行及账号：工行滨江路分理处 40586123768	备注	

（印章：成都兰光机床有限责任公司　财务专用章　54302578453）

销货单位（章）：　　收款人：　　复核：　　开票人：郑辉

产 品 出 库 单

采购单位：上海机床经营公司　　2018 年 12 月 21 日

发 票 号：________　　字第　　号

商品类别	商品名称	规格	计量单位	数量	单价	金额 十	万	千	百	十	元	角	分
机床	数控机床		台	4									
合　计													

备注：

仓库主管：张士杰　　保管员：徐勇　　经办人：王斌

72. 内部转款

22 日，公司内部银行存款划转，从工行转款 1 000 000 元到建行。

主要原始单据：转账支票。

中国工商银行
转账支票存根

支票号码：№ 1019
科　　目________
对方科目________
出票日期 2018 年 12 月 22 日
收款人：成都兰光机床有限责任公司
金　额：￥1 000 000.00
用　途：内部转款

单位主管　　会计

本支票付款期限十天

中国工商银行　**转账支票**　支票号码 №1019

出票日期（大写）：贰零壹捌年壹拾贰月贰拾贰日　付款行名称：工行滨江路分理处

收款人：成都兰光机床有限责任公司　出票人账号：40586123768

人民币（大写）：壹佰万元整	千	百	十	万	千	百	十	元	角	分
	￥	1	0	0	0	0	0	0	0	0

用途内部转款　　科目（借）________

上列款项请从我账户内支付　　对方科目（贷）________

中国工商银行四川省分行　龙泉支行　2018.12.22　模拟　转讫　(9)

转账日期　年　月　日

出票人签章　　复核　　记账

73. 支付在建工程款

22 日，以转账支票支付试验楼工程款 1 000 000 元（建行专用存款账户）。

主要原始单据：转账支票、收据。

中国建设银行
转账支票存根

支票号码：№002011
科　　目________
对方科目________
出票日期 2018 年 12 月 22 日
收款人：湖滨建筑安装公司
金　额：￥1 000 000. 00
用　途：工程款

单位主管　刘峰　　会计　徐红

本支票付款期限十天

中国建设银行　**转账支票**　支票号码 №002011

出票日期（大写）：贰零壹捌年壹拾贰月贰拾贰日　付款行名称：建行西南路分理处

收款人：湖滨建筑安装公司　出票人账号：22113790478

人民币（大写）：壹佰万元整	千	百	十	万	千	百	十	元	角	分
	￥	1	0	0	0	0	0	0	0	0

用途工程款　　科目（借）________

上列款项请从我账户内支付　　对方科目（贷）________

中国建设银行四川省分行　西南路分理处　2018.12.22　模拟　转讫　(9)

付讫日期　年　月　日

出票人签章　　复核　　记账

收　据

入账日期：2018 年 12 月 22 日

交款单位　成都兰光机床有限责任公司　　收款方式　转账

人民币（大写）　壹佰万元整　　¥1 000 000.00

收款事由　试验楼工程款

财务专用章
4724157831 2

2011 年 12 月 22 日

单位盖章

财务主管：刘成纲　　记账：　　出纳：徐红　　审核：　　经办：

74. 收回货款

22 日，收到工商银行转来的上海机床经营公司电汇凭证一张，付前期所欠货款 66 200元。

主要原始单据：中国工商银行电汇凭证（收账通知）。

中国工商银行电汇凭证（收账通知）1

2018 年 12 月 22 日

付款人	全　称	上海机床经营公司			收款人	全　称	成都兰光机床有限责任公司										
	账　号	4110002684				账　号	40586123768										
	开户银行	工行外滩分理处	行号	296		开户银行	工行滨江路分理处				行号			302			
人民币（大写）陆万陆仟贰佰元整							千	百	十	万	千	百	十	元	角	分	
									¥	6	6	2	0	0	0	0	
汇款用途：支付货款																	
备注：					中国建设银行四川省分行 西南路分理处 2018.12.22 模拟 转讫 (9)						收款人开户行盖章						

75. 商业承兑汇票贴现

23 日，公司将持有的西安北方机电公司 2018 年 11 月 23 日签发并承兑的 3 个月期无息商业承兑汇票一张，向开户银行申请贴现，该汇票面值 200 000 元，贴现利息 2 500元，贴现所得 197 500 元已存入本公司账户。

主要原始单据：贴现凭证（收账通知）。

贴现凭证（收账通知）

2018 年 12 月 23 日

申请人	全　称	成都兰光机床有限责任公司	贴现汇票	种　类	商业承兑汇票	
	账　号	40586123768		发票日	2018 年 11 月 23 日	
	开户银行	工行滨江路分理处		到期日	2019 年 2 月 19 日	
汇票承兑人	名称	西安北方机电公司	账号	356078001	开户银行	建行西安分理处
汇票金额（贴现金额）	人民币（大写）贰拾万元整				千百十万千百十元角分	¥20000000
贴现率（每年）	5%	贴现利息	贰仟伍佰元整		千百十万千百十元角分	¥250000
上列款项已转入你账户。 银行盖章 2018 年 12 月 23 日			备注：贴现息=到期金额×贴现率×未到期天数 / 360			

中国工商银行四川省分行 龙泉支行 2018.12.23 转讫 (9)

中国工商银行四川省分行 龙泉支行 财务专用章 5478124574

76. 销售商品并收取银行承兑汇票及电汇单

23 日，销售给重庆机电公司数控机床 10 台，单价 30 000 元，货款 300 000 元，增值税税率为 17%，已收到票面金额为 250 000 元的 3 个月到期银行承兑汇票一张，票面金额为 101 000 元的银行电汇凭证一张。

主要原始单据：四川省增值税专用发票、银行承兑汇票、中国建设银行电汇凭证（收账通知）、产品出库单。

四川省增值税专用发票

发票联

开票日期：2018 年 12 月 23 日

购货单位	名称：重庆机电公司 纳税人识别号：322200119857682 地址、电话：重庆南坪路 286 号 63982111 开户行及账号：建行重庆南坪分理处 2963497				密码区		
货物及劳务名称	规格型号	单位	数量	单价	金额	税率	税额
数控机床		台	10	30 000.00	300 000.00	17%	51 000.00
合计					300 000.00		51 000.00
价税合计（大写）	叁拾伍万壹仟元整				（小写）¥351 000.00		
销货单位	名称：成都兰光机床有限责任公司 纳税人识别号：514093862387652 地址、电话：成都龙泉大道 118 号、8400608 开户行及账号：工行滨江路分理处 40586123768				备注		

销货单位（章）：　收款人：　复核：　开票人：郑辉

成都兰光机床有限责任公司 财务专用章 5430257845

银行承兑汇票

Ⅶ 06796834

出票日期（大写）贰零壹捌年壹拾贰月贰拾叁日

出票人	全　称	重庆机电公司			持票人	全　称	成都兰光机床有限责任公司									
	账　号	2963497				账　号	40586123768									
	开户银行	建行重庆南坪分理处	行号	296		开户银行	工行滨江路分理处				行号			302		
出票金额		人民币（大写）贰拾伍万元整					千	百	十	万	千	百	十	元	角	分
								¥	2	5	0	0	0	0	0	0
汇票到期日		贰零壹玖年零叁月贰拾贰日					承兑协议号			92						
汇票签发人盖章：					备注：		本汇票经本行承兑，到期日由本行付交。承兑银行盖章									

中国工商银行四川省分行
龙泉支行
2018.12.23
受理凭证
专用章
模拟

中国建设银行电汇凭证（收账通知）1

2018年12月23日

付款人	全　称	重庆机电公司			收款人	全　称	成都兰光机床有限责任公司									
	账　号	2963497				账　号	40586123768									
	开户银行	建行重庆南坪分理处	行号	296		开户银行	工行滨江路分理处				行号			302		
人民币（大写）壹拾万零壹仟元整							千	百	十	万	千	百	十	元	角	分
								¥	1	0	1	0	0	0	0	0
汇款用途：付货款																
备注							收款人开户银行盖章									

中国工商银行四川省分行
龙泉支行
2018.12.23
模拟
转讫
(9)

产品出库单

采购单位：重庆机电公司　　2018年12月23日

发 票 号：＿＿＿＿＿＿＿＿　　字第　号

商品类别	商品名称	规格	计量单位	数量	单价	金额							
						十	万	千	百	十	元	角	分
机床	数控机床		台	10									
合　计													
备注：													

仓库主管：张士杰　　保管员：徐勇　　经办人：王斌

77. 生产车间领用原材料

23日，生产车间领用生铁25吨，焦炭40吨，锻钢20吨，黄铜3吨，煤炭20吨，分别用于生产数控机床和普通机床。

主要原始单据：成都兰光机床有限责任公司原材料领用单2张。

成都兰光机床有限责任公司

原材料领用单

领用部门：生产车间　　领用时间：2018年12月23日

用途：数控机床							
材料编号	材料名称	规格型号	单位	请领数	实发数	单价	金额
	生铁		吨	15	15	2 500.00	37 500.00
	焦炭		吨	20	20	500.00	10 000.00
	锻钢		吨	12	12	2 795.44	33 545.28
	黄铜		吨	2	2	12 285.72	24 571.44
	煤炭		吨	10	10	300.00	3 000.00
合计				59	59		108 616.72

仓库主管：张士杰　　保管员：王斌　　经办人：张路

成都兰光机床有限责任公司

原材料领用单

领用部门：生产车间　　　　　　　　　　　　　　领用时间：2018 年 12 月 23 日

用途：普通机床

材料编号	材料名称	规格型号	单位	请领数	实发数	单价	金额
	生铁		吨	10	10	2 500.00	25 000.00
	焦炭		吨	20	20	500.00	10 000.00
	锻钢		吨	8	8	2 795.44	22 363.52
	黄铜		吨	1	1	12 285.72	12 285.72
	煤炭		吨	10	10	300.00	3 000.00
合计				49	49		72 649.24

仓库主管：张士杰　　　　　　保管员：王斌　　　　　　经办人：刘兵

78. 以产品抵偿债务

23 日，公司因暂时资金困难，对所欠福建铸钢厂货款 70 000 元，经双方协商用公司产品——数控机床 2 台抵偿债务，数控机床成本 20 000 元/台，售价 30 000 元/台，增值税率为 17%，机床已运抵福建铸钢厂。

主要原始单据：债务重组合同、产品出库单。

债务重组合同

成都兰光机床有限责任公司欠福建铸钢厂货款 7 万元，因暂时资金困难，2018 年 12 月 23 日，经协商以其产品数控机床 2 台抵偿债务，机床成本 20 000元/台，售价 30 000 元/台，税率 17%。(其他略)

合同双方：成都兰光机床有限责任公司（签章）

福建铸钢厂（签章）

2018 年 12 月 23 日

产 品 出 库 单

采购单位：福建铸钢厂公司　　　　2018 年 12 月 23 日

发 票 号：＿＿＿＿＿＿＿＿　　　　字第　　号

商品类别	商品名称	规格	计量单位	数量	单价	金额							
						十	万	千	百	十	元	角	分
机床	数控机床		台	2									
合　计													
备注：													

仓库主管：张士杰　　　　保管员：徐勇　　　　经办人：王斌

79. 车间领用外购半成品

12 月 23 日，数控机床和普通机床分别领用机床电机 30 个，轴承 40 个，标准件各 100 个。

主要原始单据：领料单 2 张。

领　料　单

2018 年 12 月 23 日

领用部门：生产车间　　　　领用时间：2018 年 12 月 23 日

用途：普通机床

材料编号	外购材料名称	规格型号	单位	请领数	实发数	单价	金额
	机床电机		个	30	30	1 400.00	42 000.00
	轴承		套	40	40	350.00	14 000.00
	标准件		个	100	100	200.00	20 000.00
合计				49	49		76 000.00

仓库主管：张士杰　　　　保管员：王斌　　　　经办人：刘兵

领　料　单

2018 年 12 月 23 日

领用部门：生产车间　　　　领用时间：2018 年 12 月 23 日

用途：数控机床							
材料编号	外购材料名称	规格型号	单位	请领数	实发数	单价	金额
	机床电机		个	30	30	1 400.00	42 000.00
	轴承		套	40	40	350.00	14 000.00
	标准件		个	100	100	200.00	20 000.00
合计				49	49		76 000.00

仓库主管：张士杰　　　　保管员：王斌　　　　经办人：刘兵

80. 归还贷款及利息

24 日，收到银行还贷通知，支付 12 月 20 日到期的短期借款 2 020 000 元，及四季度贷款利息 30 300 元（10 月份、11 月份已计提贷款利息 45 000 元）。

主要原始单据：中国工商银行还贷付息凭证（收账通知）。

中国工商银行还贷付息凭证（收账通知）

凭证开出日期：2018 年 12 月 23 日　　　　银行转账日期：2018 年 12 月 24 日

借款单位	名　称	成都兰光机床有限责任公司	贷款户	名　称	成都兰光机床有限责任公司
	存款账号	40586123768		贷款账号	30281689
	开户银行	工行滨江路分理处		开户银行	工行滨江路分理处
贷款到期日		2018 年 12 月 20 日			

		千	百	十	万	千	百	十	元	角	分
还款金额	人民币（大写）贰佰零贰万元整	¥	2	0	2	0	0	0	0	0	0
本期利息（计息期间:9 月 21 至 12 月 20 日）	人民币（大写）叁万零叁佰元整			¥	3	0	3	0	0	0	0

贷款种类	短期借款	原贷款金额	¥2 020 000	原借据银行编号 1189
备注：偿还短期借款及本期利息 借款利率 6%		上列贷款及利息已从你单位结算存款户如数支付，请即入账。 此致 借款单位　　　银行盖章		

中国工商银行四川省分行 龙泉支行 2018.12.24 模拟 转讫 (9)

81. 冲回多计提短期贷款利息

24 日，10 月份、11 月份计提短期借款 2 020 000 元的利息 45 000 元，24 日收到银行还贷付息凭证，四季度应计贷款利息 30 300 元，多计提贷款利息 14 700 元，予以冲回。

主要原始单据：多计提贷款利息计算单。

多计提贷款利息计算单

贷款项目	贷款金额	贷款年利率	计息期	应计利息	已计提利息	多计利息
短期借款	2 020 000	6%	9月21日—12月20日	30 300	45 000	14 700
合计				30 300	45 000	14 700

复核人：　　　　制表人：王磊

82. 支付本月新增贷款利息

24 日，收到银行贷款利息通知单，本月新增短期贷款利息 1 250 元已划转。

主要原始单据：中国工商银行贷款利息通知单（支款通知）。

中国工商银行贷款利息通知单（支款通知）

			贷款金额	积数金额	月利率	利息金额
存款	账号					
	户名					
贷款	账号	30281689	500 000		5‰	1 250
	户名	成都兰光机床有限责任公司				
利息金额合计人民币（大写）			壹仟贰佰伍拾元整			
计息期：12 月 5 日至 12 月 20 日 500 000*15*5‰/30			上列贷款及利息已从你单位结算存款户如数支付，请即入账。 中国工商银行四川省分行 龙泉支行 2018.12.24 模拟 转讫 (9)			

83. 处理现金短少

25 日，财务主管组织人员对现金进行清查盘点，发现现金短少 118 元。经领导批示，由出纳赔偿 50 元，其余的作管理费用处理。

主要原始单据：现金盘点表。

现金盘点表

盘点日期：2018 年 12 月 25 日

实存金额	账存金额	盘盈	盘亏	备注
¥14 582.00	¥14 700.00		¥118.00	出纳赔偿¥50.00
合计			¥118.00	

转讫

审批人：刘峰　　出纳：万芳　　盘点人：王力、李辉

84. 支付银行手续费

25 日，支付本月办理电汇、汇票等业务发生的银行手续费 300 元。

主要原始单据：中国工商银行手续费收费凭证（借方凭证）。

中国工商银行 手续费收费凭证（借方凭证）

2018 年 12 月 25 日

缴款人名称	成都兰光机床有限责任公司	信（电）汇 4 笔、汇票 3 笔、其他 5 笔
账号	40586123768	异托、委托 3 笔 支票 18 笔 专用托收 笔

邮费金额						电报费金额						手续费金额						合计金额					
千	百	十	元	角	分	千	百	十	元	角	分	千	百	十	元	角	分	千	百	十	元	角	分
	¥	2	0	0	0		¥	8	0	0	0	¥	2	0	0	0	0	¥	3	0	0	0	0

合计金额	人民币（大写）叁佰元整

中国工商银行四川省分行 龙泉支行 2018.12.25 模拟 转讫 (9)

科目（借）
对方科目（贷）
复核　　记账
复票　　制票

85. 收银行存款利息

25 日，收到工行存款利息 500 元、建行存款利息 300 元。

主要原始单据：中国工商银行利息计算单、中国建设银行利息计算单。

中国工商银行利息计算单

№ **003492**

单位名称：成都兰光机床有限责任公司　　　　结息账号：40586123768

起息日期	结息日期	天数	积数	利率	利息金额（元）
2018/9/21	2018/12/20	91	略	略	￥500
上列存款利息 已照收你单位账户 2018 年 12 月 20 日　（银行盖章）				备注：中国工商银行四川省分行 龙泉支行 2018.12.25 模拟 转讫 (9)	

中国建设银行利息计算单

№ **0058210**

单位名称：成都兰光机床有限责任公司　　　　结息账号：22113790478

起息日期	结息日期	天数	积数	利率	利息金额(元)
2018/9/21	2018/12/20	91	略	略	￥300
上列存款利息 已照收你单位账户 2018 年 12 月 20 日　（银行盖章）				备注：中国建设银行四川省分行 西南路分理处 2018.12.25 模拟 转讫 (9)	

86. 出售交易性金融资产

25 日，委托中国信达投资公司成都营业部卖出“东方集团”股票 5 000 股，每股成交价 13.60 元，另支付佣金、印花税 204 元，实收 67 796 元已记入证券资金户。

主要原始单据：上海成交过户交割凭单（卖）。

上海证券中央登记清算公司

2018 年 12 月 25 日

上海成交过户交割凭单（卖）	
股东编号：168281348	上次余额：49 700 元
资金账号：2583390624	成交证券：东方集团
股东户名：成都兰光机床有限责任公司	成交价格：13.60
公司编号：9876	成交金额：68 000 元
申请编号：265	标准佣金：136 元
申报时间：11:25	过户费用：0 元
成交时间：11:28	印花税：68 元
上次余额：10 000（股）	附加费用：
本次成交：5 000（股）	应收余额：67 796 元
本次余额：5 000（股）	本次余额：117 496 元

中国信达投资公司成都营业部 模拟 业务专用章

经办单位：　　　　客户签章：

87. 证券公司资金户转入结算户

26 日，将证券公司资金户金额 100 000 元转入公司结算户。

主要原始单据：中国工商银行进账单（收账通知）、中国信托投资公司成都经营部委托买卖证券（资金专户）取款凭单。

中国工商银行进账单（收账通知）1

2018 年 12 月 26 日

付款人	全称	中国信达投资公司成都经营部		收款人	全称	成都兰光机床有限责任公司	
	账号	7033426811			账号	40586123768	
	开户银行	工行三江分理处	行号 296		开户银行	工行滨江路分理处	行号 302
人民币（大写）壹拾万元整				千百十万千百十元角分		¥10000000	
票据种类	转支						
票据张数	1 张						

中国工商银行四川省分行 龙泉支行 2018.12.26 模拟 转讫 (9)

收款人开户行盖章

单位主管　会计　复核　记账

中国信托投资公司成都经营部

委托买卖证券（资金专户）取款凭单

转账支票　　　　2018年12月26日

资金账号：2583390624		客户户名：成都兰光机床有限责任公司	
上次余额：		本次余额：17 496.00元	
本次取款：人民币壹拾万元整　¥100 000.00			
摘要：转支			
委托人填写	户名 成都兰光机床有限责任公司 账号 …58612…768 支取人民币（大写） 壹拾万元整	委托人印鉴	身份证号码

（印章：成都兰光机床有限责任公司 财务专用章 54302578453）

事后监督　　　　出纳　　　　复核

88. 支付招待费

27日，支付本月招待费10 000元，根据签单明细统计：销售部3 000元，行政部7 000元。

主要原始单据：转账支票、成都市服务业专用发票、签单明细（略）。

中国工商银行
转账支票存根

支票号码：№ 1020
科　　目＿＿＿＿
对方科目＿＿＿＿
出票日期2018年12月27日

收款人：成都国际大酒店
金　额：¥10 000元
用　途：付招待费

单位主管 刘峰　　会计 徐红

中国工商银行　**转账支票**　支票号码№1020

本支票付款期限十天

出票日期（大写）：贰零壹捌年壹拾贰月贰拾柒日　付款行名称：工行滨江路分理处
收款人：成都兰光机床有限公司　出票人账号：40586123768

人民币（大写）：壹万元整	千	百	十	万	千	百	十	元	角	分
			¥	1	0	0	0	0	0	0

用途付招待费　　科目（借）＿＿＿＿

上列款项请从我账户内支付　　对方科目（贷）＿＿＿＿

转账日期　年　月　日

出票人签章　　复核　　记账

（印章：中国工商银行四川省分行 龙泉支行 2018.12.27 模拟 转讫 (9)）

成都市服务业专用发票

发 票 联

付款单位：成都兰光机床有限责任公司　　发票代码：251010802011
开票日期：2018 年 12 月 27 日　　发票号码：00058792

服务项目	单位	数量	单价	金额							备注
				万	千	百	十	元	角	分	
餐费				1	0	0	0	0	0	0	
合计金额（大写）壹万元整				1	0	0	0	0	0	0	

收款单位：成都市国际大酒店（盖章有效）　收款　　开票人：刘辉

（印章：成都国际大酒店 财务专用章 51784517859）

89. 付销售产品运输费

27 日，开出转账支票支付本月产品运输费 20 000 元，可抵扣进项税为 1 260 元。

主要原始单据：转账支票、全国联运行业货运统一发票（列举一张，其他略）。

中国工商银行
转账支票存根

支票号码：№ 1021
科　　目________
对方科目________
出票日期 2018 年 12 月 27 日

收款人：成都平安运输公司
金　额：￥20 000 元
用　途：付运输费

单位主管 刘峰　会计 徐红

中国工商银行　**转账支票**　支票号码 №1021

本支票付款期限十天

出票日期（大写）：贰零壹捌年壹拾贰月贰拾柒日　付款行名称：工行滨江路分理处
收款人：成都平安运输公司　出票人账号：40586123768

人民币（大写）：贰万元整	千	百	十	万	千	百	十	元	角	分
			￥	2	0	0	0	0	0	0

用途付运输费　　科目（借）________
上列款项请从我账户内支付　　对方科目（贷）________
转账日期　年　月　日
出票人签章　　复核　　记账

（印章：中国工商银行四川省分行 龙泉支行 2018.12.27 模拟 转讫 (9)）

全国联运行业货运统一发票

抵扣联

发票代码：372000802011

开票日期：2018 年 12 月 27 日　　发票号码：00004396

机打代码 机打号码 机器编号	372000802011 00004396		
发货人名称	成都兰光机床有限责任公司	运输费用 项目及金额	其他费用 项目及金额
纳税人识别号	514093862387652	一、自备运输及工具运输	仓储费
收货人名称	略	1、公路运费　1 500.00	包装整理费
纳税人识别号	略	2、水路运费	装卸费　1 000.00
发货站（港） 成都	到站（港）　经由　中转 略		业务费 小计　1 000.00
货物名称	台数　包装	二、代付运费	包干费
机床	45　箱	1、铁路运费　16 500.00 2、公路运费 3、水路运费 4、航空运费 小计　18 000.00	垫付费用 项目及金额 保险费　1 000.00 小计　1 000.00
合计人民币（大写）贰万元整	￥20 000.00		
承运人名称	成都平安运输公司	主管税务机关及代码	5100067
纳税人识别号	5101042531000293		

成都平安运输公司 财务专用章 62458745584

开票单位盖章　　开票人：刘红　　收款人：　　手写无效

90. 解除员工劳动关系支付补偿金

28 日，由于各种原因，公司解除与员工张帅的劳动合同关系，根据我国《中华人民共和国劳动法》相关规定，给予张帅经济补偿金 4 500 元。

主要原始单据：领条、解聘合同（略）。

领　　条

今领到成都兰光机床有限责任公司解除职工劳动合同关系经济补偿金 4 500 元（大写：人民币肆仟伍佰元整）

此据。

现金付讫

领款人：张帅

2018 年 12 月 28 日

91. 支付本月电费

29 日，银行转来供电公司委托收款通知单，价税合计 13 572 元。公司共计耗电量 8 000 度，单价 1.45 元。其中：生产车间生产用电 7 000 度，行政办公区照明用电 1 000度。

主要原始单据：同城特约委托收款凭证（付款通知）、四川省增值税专用发票（抵扣联略）、电费计算分配表。

同城特约委托收款凭证（付款通知）**5**

委托号码：第 30 号

委托日期　2018 年 12 月 29 日　凭证号码：65798327

付款人	全称	成都兰光机床有限责任公司	收款人	全称	成都市龙泉供电公司
	账号	40586123768		账号	55468971231
	开户银行	工行滨江路分理处　行号 302		开户银行	工行北干路分理处　行号 302
金额	人民币（大写）壹万叁仟伍佰柒拾贰元整			千百十万千百十元角分	¥ 1 3 5 7 2 0 0
款项内容	电费	合同号码		附寄单证张数	张
备注：		付款人注意：1、公用事业收款人与你方签订合同后方能办理。2、如无合同，可备函说明情况，予一个月内向收款单位办理同城特约委托收款，将原款返回。			

（印章：中国工商银行四川省分行 龙泉支行 2018.12.29 模拟 转讫 (9)）

四川省增值税专用发票

发票联

开票日期：2018 年 12 月 29 日

购货单位	名称：成都兰光机床有限责任公司 纳税人识别号：514093862387652 地址、电话：成都龙泉大道 118 号、8400608 开户行及账号：工行滨江路分理处　40586123768			密码区			
货物及劳务名称	规格型号	单位	数量	单价	金额	税率	税额
电		度	8 000	1.45	11 600.00	17%	1 972.00
合计					11 600.00		1 972.00
价税合计（大写）	壹万叁仟伍佰柒拾贰元整				（小写）¥13 572.00		
销货单位	名称：成都市供电公司 纳税人识别号：51010006654122[illegible] 地址、电话：成都龙泉北干道 118 号、[illegible] 开户行及账号：工行北干路分理处　554[illegible]			备注			

销货单位（章）：　收款人：　复核：　开票人：吴民

（印章：成都市供电公司 财务专用章 022598375889）

电费计算分配表

2018 年 12 月 29 日

部门	用电量/度	单价/元	金额/元	共同耗用分配		
				本期产量	分配率	分配额
行政办公区	1 000	1.45	1 450.00			
生产车间	7 000	1.45	10 150.00			
合计	8 000		11 600.00			

会计主管：　　　　审核：　　　　记账：　　　　制表：李云

92. 赊购原材料

29 日，从江西铜厂购入黄铜 5 吨，价款 56 000 元，增值税税率为 17%，货物已验收入库，款项暂未支付。

主要原始单据：江西省增值税专用发票、材料验收入库单。

江西省增值税专用发票

发票联

开票日期：2018 年 12 月 29 日

购货单位	名称：成都兰光机床有限责任公司 纳税人识别号：514093862387652 地址、电话：成都龙泉大道 118 号、8400608 开户行及账号：工行滨江路分理处　40586123768					密码区	
货物及劳务名称	规格型号	单位	数量	单价	金额	税率	税额
黄铜		吨	5	11 200.00	56 000.00	17%	9 520.00
合计					56 000.00		9 520.00
价税合计（大写）	陆万伍仟伍佰贰拾元整				（小写）￥65 520.00		
销货单位	名称：江西铜业公司 纳税人识别号：32040233294716[illegible] 地址、电话：南昌迎宾路 219 号 5527318 开户行及账号：建行迎分 707723104					备注	

江西铜业公司　财务专用章　57416754189

销货单位（章）：　　　　收款人：　　　　复核：　　　　开票人：赵远

材料验收入库单

供应单位：江西铜厂　　　　2018 年 12 月 29 日

发票号：________

材料类别	材料名称	规格材质	计量单位	数量	实收数量	单价	金额									
							千	百	十	万	千	百	十	元	角	分
	黄铜		吨	5	5	11 200			¥	5	6	0	0	0	0	0
检验：				运杂费												
结果：　检验员签章：				合计					¥	5	6	0	0	0	0	0
备　注：																

仓库主管：张士杰　　　　保管员：王斌　　　　经办人：刘兵

93. 赊购原材料

29 日，向新光钢铁厂赊购生铁 20 吨，单价 2 500 元，增值税税率为 17%，已验收入库，款项尚未支付。

主要原始单据：四川省增值税专用发票（抵扣联略）、材料验收入库单。

四川省增值税专用发票

发票联

开票日期：2018 年 12 月 29 日

购货单位	名称：成都兰光机床有限责任公司 纳税人识别号：514093862387652 地址、电话：成都龙泉大道 118 号、8400608 开户行及账号：工行滨江路分理处　40586123768					密码区	
货物及劳务名称	规格型号	单位	数量	单价	金额	税率	税额
生铁		吨	20	2 500.00	50 000.00	17%	8 500.00
合计					50 000.00		8 500.00
价税合计（大写）	伍万捌仟伍佰元整				（小写）¥58 500.00		
销货单位	名称：新光钢铁厂 纳税人识别号：126100974669811 地址、电话：攀枝花市大兴路 123 号 开户行及账号：工行大兴路支行 625900181					备注	

销货单位（章）：　　　收款人：　　　复核：　　　开票人：王永民

材料验收入库单

供应单位：新光钢铁厂　　2018 年 12 月 29 日

发票号：

材料类别	材料名称	规格材质	计量单位	数量	实收数量	单价	金额									
							千	百	十	万	千	百	十	元	角	分
	生铁		吨	20	20	2500			¥	5	0	0	0	0	0	0
检验：结果：　检验员签章：				运杂费												
				合计					¥	5	0	0	0	0	0	0
备　注：																

仓库主管：张士杰　　保管员：王斌　　经办人：刘兵

94. 支付本月水费

29 日，银行转来自来水公司委托收款通知单，价税合计 13 250 元。公司共计耗水量 5 000 吨，单价 2.50 元。其中：生产车间生产用水 4 880 吨，行政办公区用水 120 吨。

主要原始单据：同城特约委托收款凭证（付款通知）、四川省增值税专用发票（抵扣联略）、水费计算分配表。

同城特约委托收款 凭证（付款通知）**5**

委托号码：第 30 号

委托日期　2018 年 12 月 29 日　　凭证号码：3598327

付款人	全　称	成都兰光机床有限责任公司		收款人	全　称	成都市龙泉自来水公司										
	账　号	40586123768			账　号	30218847205										
	开户银行	工行滨江路分理处	行号 302		开户银行	工行北路分理处	行号 302									
金额	人民币（大写）壹万叁仟贰佰伍拾元整						千	百	十	万	千	百	十	元	角	分
									¥	1	3	2	5	0	0	0
款项内容	水费	合同号码			附寄单证张数	1 张										
备注：					付款人注意：1. 公用事业收款人与你方签订合同后方能办理。2. 如无合同，可备函说明情况，予一个月内向收款单位办理同城特约委托收款，将原款返回。											

（印章：中国工商银行四川省分行 龙泉支行 2018.12.29 模拟 转讫 (9)）

四川省增值税专用发票

发票联

开票日期：2018 年 12 月 29 日

购货单位	名称：成都兰光机床有限公司 纳税人识别号：514093862387652 地址、电话：成都龙泉大道 118 号、8400608 开户行及账号：工行滨江路分理处　40586123768	密码区	

货物及劳务名称	规格型号	单位	数量	单价	金额	税率	税额
水		吨	5 000	2.50	12 500.00	6%	750.00
合计					…500.00		750.00
价税合计（大写）	壹万叁仟贰佰伍拾元整				（小写）¥13 250.00		

销货单位	名称：成都市龙泉自来水公司 纳税人识别号：510102274933642 地址、电话：成都龙泉北道 18 号、84857899 开户行及账号：工行北路分理处　30218847205	备注	

销货单位（章）：　　收款人：　　复核：　　开票人：栗飞

成都龙泉自来水公司 收费专用章

水费计算分配表

2018 年 12 月 29 日

部门	用水量	单价	金额	共同耗用分配		
				本期产量	分配率	分配额
行政办公区	120	2.50	300.00			
生产车间	4 880	2.50	12 200.00			
合计	5 000		12 500.00			

会计主管：　　审核：　　记账：　　制表：李云

95. 计提长期贷款利息

30 日，根据长期贷款本金及利率计提长期贷款利息 150 000 元。

主要原始单据：长期贷款利息计算表。

长期贷款利息计算表

贷款项目	贷款金额	贷款年利率	计息期	应计利息
长期借款	1 500 000.00	10%	1月1日—12月31日	150 000.00
合计	1 500 000.00			150 000.00

复核人：　　　　　　　　　　　　　　　制表人：王磊

96. 待摊费用摊销

30 日，摊销本月应承担的财产保险费 3 250 元。（见 62 项业务）

主要原始单据：待摊费用摊销计算表。

待摊费用摊销计算表

2018 年 12 月 30 日

项目	原始金额	受益期间	摊销月数	月摊销额	本月摊销额
财产保险费	39 000.00	2011-12-1—2012-11-30	12	3 250.00	3 250.00
合计	39 000.00			3 250.00	3 250.00

复核人：　　　　　　　　　　　　　　　制表人：王磊

97. 无形资产摊销

30 日，本月摊销无形资产 1 166. 67 元。

主要原始单据：无形资产摊销计算表。

无形资产摊销计算表

2018 年 12 月 30 日

项目	原始金额	预计受益期月数	已摊销月数	本月摊销额	累计摊销额	剩余摊销月数
商标权	140 000.00	120	24	1 166.67	29 166.67	95
合计	140 000.00			1 166.67	29 166.67	

复核人：　　　　　　　　　　　　　　　　制表人：王磊

98. 计提固定资产折旧

30 日，计提本月固定资产折旧 25 761. 25 元。

主要原始单据：固定资产折旧计算表。

固定资产折旧计算表

2018 年 12 月 30 日

类别	名称	计量单位	数量	原值	减值准备	计提折旧基数	年折旧率/%	月折旧额
生产用	生产车间	幢	1	2 800 000.00		2 800 000.00	5	11 666.67
	生产设备	台	10	1 000 000.00	50 000.00	950 000.00	8.33	6 594.58
	电脑	台	8	40 000.00		40 000.00	20	666.67
小计				3 840 000.00	50 000.00	3 790 000.00		18 927.92
管理用	办公楼	幢	1	800 000.00		800 000.00	5	3 333.33
	小车	辆	1	80 000.00		80 000.00	10	666.67
	电脑	台	9	45 000.00		45 000.00	20	750.00
小计				925 000.00		925 000.00		4 750.00
销售用	货车	辆	4	220 000.00		220 000.00	10	1 833.33
	电脑	台	3	15 000.00		15 000.00	20	250.00
小计				235 000.00		235 000.00		2 083.33
合计				5 000 000.00	50 000.00	4 950 000.00		25 761.25
备注：生产设备年折旧率是在考虑计提了减值准备后重新确定的，各项固定资产均无残值								

会计主管：　　　　　　　　　　复核：　　　　　　　　　　制表：王磊

99. 计提本月工资及福利费

30 日，根据“工资结算汇总表”分配本月工资费用，并按 14% 计提福利费。

主要原始单据：工资费用及应付福利费分配表。

工资费用及应付福利费用分配表

2018 年 12 月 30 日

车间或部门	职工类别	基本工资	职务津贴	岗位津贴	奖金	应计工资合计	应计福利费
生产车间工人	数控机床	80 000.00		6 000.00	15 000.00	101 000.00	14 140.00
	普通机床	58 000.00		7 000.00	9 000.00	74 000.00	10 360.00
生产车间管理	管理人员	20 000.00	8 000.00		6 000.00	34 000.00	4 760.00
行政部门	管理人员	25 000.00	15 000.00		5 000.00	45 000.00	6 300.00
销售部门	销售人员	5 000.00	4 000.00		4 000.00	13 000.00	1 820.00
合计		188 000.00	27 000.00	13 000.00	39 000.00	267 000.00	37 380.00

会计主管： 复核： 制表：王磊

100. 计提本月工会经费、养老保险费等

30 日，计提本月工会经费、养老保险费、医疗保险费、失业保险费、住房公积金。

主要原始单据：工会经费、养老失业保险及医疗保险费计算表。

工会经费、养老失业保险及医疗保险费计算表

2018 年 12 月 30 日

车间或部门	应付工资（提取基数）	工会经费 2%	养老保险 20%	医疗保险 6.5%	失业保险 1%	住房公积金 8%	应提合计
生产车间工人	175 000.00	3 500.00	35 000.00	11 375.00	1 750.00	14 000.00	65 625.00
生产车间管理人员	34 000.00	680.00	6 800.00	2 210.00	340.00	2 720.00	12 750.00
行政部门	45 000.00	900.00	9 000.00	2 925.00	450.00	3 600.00	16 875.00
销售部门	13 000.00	260.00	2 600.00	845.00	130.00	1 040.00	4 875.00
合计	267 000.00	5 340.00	53 400.00	17 355.00	2 670.00	21 360.00	100 125.00

会计主管： 复核： 制表：王磊

101. 交易性金融资产期末计量

31 日，根据 12 月 31 日“东方集团”股票在上交所的收盘价计算其公允价值变动额。

主要原始单据：资产负债表日公允价值变动额计算表。

资产负债表日公允价值变动额计算表

2018 年 12 月 31 日

项目	数量	账面余额	公允价值		公允价值变动额
			收盘价	公允价值金额	
东方集团	5 000	50 000.00	12.85	64 250.00	14 250.00
合计					14 250.00

会计主管：　　复核：　　制表：王磊

102. 本期制造费用分配

31 日，根据本期完工产品产量分摊制造费用（完工产品数量见 103 项经济业务）。

主要原始单据：制造费用分配表、制造费用科目余额表。

制造费用分配表

2018 年 12 月 31 日

制造费用发生额		91 577.92	
分配对象	完工产量	分配率	应分配费用
数控机床	27	45%	41 210.06
普通机床	33	55%	50 367.86
合计	60	100%	91 577.92

会计主管：　　复核：　　制表：王磊

制造费用科目余额表

2018 年 12 月 31 日

明细科目	本月发生额	期末余额
办公费	3 100.00	3 100.00
低耗品摊销	4 440.00	4 440.00
维修费	4 000.00	4 000.00
水电费	22 350.00	22 350.00
折旧费	18 927.92	18 927.92
工资及福利	38 760.00	38 760.00
合计	91 577.92	91 577.92

制表：王磊

103. 结转完工产品成本

31 日，结转本期完工产品成本，本期无在产品。

主要原始单据：完工产品成本计算表、产成品入库单（3 张）。

完工产品成本计算表

2018 年 12 月 31 日

产品名称	生产成本			完工产品总成本	完工产品产量	单位成本
	直接材料	直接人工	制造费用			
数控机床	438 029.86	115 140.00	41 210.06	594 379.92	27.00	22 014.07
普通机床	338 766.95	84 360.00	50 367.86	473 494.81	33.00	14 348.33
合计	776 796.81	199 500.00	91 577.92	1 067 874.73	60.00	17 797.91
备注：上月及本月均无在产品						

会计主管：　　　　复核：　　　　制表：王磊

成都兰光机床有限责任公司

产成品入库单

№ 0000105

入库时间：2018 年 12 月 10 日

产品名称	规格型号	单位	请入库数	实际入库数	备注
数控机床		台	8	8	
普通机床		台	10	10	

质检员：胡亮　　保管：　　车间（班组）：姜欣

成都兰光机床有限责任公司

产成品入库单

№ 0000106

入库时间：2018 年 12 月 20 日

产品名称	规格型号	单位	请入库数	实际入库数	备注
数控机床		台	10	10	
普通机床		台	12	12	

质检员：胡亮　　保管：　　车间（班组）：姜欣

成都兰光机床有限责任公司

产成品入库单

№ 0000107

入库时间：2018 年 12 月 31 日

产品名称	规格型号	单位	请入库数	实际入库数	备注
数控机床		台	9	9	
普通机床		台	11	11	

质检员：胡亮　　保管：　　车间（班组）：姜欣

104. 结转产品销售成本

31 日，结转本期已销产品销售成本。

主要原始单据：库存商品销售成本计算表。

库存商品销售成本计算表

2018 年 12 月 31 日

产品名称	期初数量	期初金额	本期入库数	本期入库金额	加权平均成本	本期销量	销售成本
数控机床	40 台	800 000.00	27 台	594 379.92	20 811.64	32 台	665 972.50
普通机床	32 台	400 000.00	33 台	473 494.81	13 438.38	27 台	362 836.30
合计	72 台	1 200 000.00	60 台	1 067 874.73	17 180.87	59 台	1 028 808.80

会计主管：　　复核：　　制表：

105. 计算主营业务税金及附加

31 日，根据本月应缴增值税的 7%、3%、1% 计算并结转城市维护建设税、教育费附加及地方教育费附加（应交税额见第 70 项经济业务）。

主要原始单据：主营业务税金计算表。

主营业务税金计算表（根据前面资料填列）

2018 年 12 月 31 日

项　目	金　额 / 元
本期销项税额	247 970.00
本期进项税额	65 743.00
应纳增值税额	182 227.00
应纳城市维护建设税额	12 755.89
应纳教育费附加	5 466.81
应纳地方教育费附加	1 822.27

会计主管：　　复核：　　制表：王磊

106. 结转未交增值税

31 日，结转本月未交增值税。

主要原始单据：未交增值税明细表。

未交增值税明细表（根据前面资料填列）

2018 年 12 月 31 日

项　目	金　额 / 元
本期销项税额	247 970.00
本期进项税额	65 743.00
应纳增值税	182 227.00
已交增值税	182 227.00
未交增值税	

会计主管：　　复核：　　制表:王磊

107. 计提坏账准备

31 日，对应收账款进行减值测试，根据以前年度及本年度的损失情况，确定按应收账款余额的 5% 计提坏账准备。

主要原始单据：坏账准备计算表。

坏账准备计算表（根据前面资料填列）

2018 年 12 月 31 日

应收账款年末余额	计提坏账比例	坏账准备当月应有余额	已提坏账准备	已冲销坏账	应补提坏账准备
542 880.00	5%	27 144.00	24 000.00	28 800.00	31 944.00

会计主管： 复核： 制表：王磊

108. 年末存货盘点

31 日，年末对存货进行盘点，发现焦炭短缺 0.5 吨，单价 500 元/吨，经查原因：焦炭短缺属正常损耗，经领导批准，作管理费用处理。

主要原始单据：存货盘点表。

存货盘点表

盘点日期：2018 年 12 月 31 日 单位：吨、元

项目	账面数量	实盘数量	盈亏（±）数量	账面单价	盈亏（±）金额
焦炭	54.00	53.50	-0.50	500.00	-250.00
备注:短缺原因属正常损耗，经领导批准，作管理费用处理					

审批人：刘峰 盘点人：胡伟 保管员：王斌

109. 计提存货跌价准备

31 日，期末库存机床电机 7 台，每台单价 1 400 元，由于市场上该电机价格下降，市场上用该电机生产的 A 产品的每件价格由 10 000 元降为 8 000 元，但生产成本不变，将该电机加工成 A 产品预计每件进一步加工所需费用为 5 000 元，预计每件营业费用及税金为 2 000 元。该公司以前年度未对该电机计提存货跌价准备。

主要原始单据：存货跌价准备明细表。

存货跌价准备明细表

2018 年 12 月 31 日

存货名称	数量	单价 /(元·台)	可变现净值 /(元·台)	应提跌价准备 / 元
电机	7	1 400	1 000	2 800

会计主管：　　　　复核：　　　　制表：王磊

110. 结转出售材料成本

31 日，结转本月出售包装箱成本（销售业务见第 53 项经济业务）。

主要原始单据：材料销售成本计算表。

材料销售成本计算表

2018 年 12 月 31 日

名称	期初数量	期初金额	本期购进数量	本期购进金额	单位成本	销售数量	销售成本
包装箱	1 000.00	20 000.00			20.00	100.00	2 000.00

会计主管：　　　　复核：　　　　制表：王磊

111. 计提固定资产减值准备

31 日，期末对车间生产设备进行减值测试，发现有一台设备存在减值迹象。该设备原值 100 000 元，已提折旧 18 000 元，已提减值准备 5 000 元，无残值，剩余使用年限 8 年。如果出售该设备，市场上厂商愿意出价 74 000 元；如果继续使用该设备，剩余使用寿命为 8 年，经测算未来 8 年现金净流量现值为 76 000 元。对该项固定资产计提减值准备。

主要原始单据：固定资产减值准备计提明细表。

固定资产减值准备计提明细表

2018 年 12 月 31 日

单位:元

固定资产原值	已提折旧	已提减值准备	固定资产净额	可收回金额	应提减值准备
100 000.00	18 000.00	5 000.00	77 000.00	76 000.00	1 000.00

会计主管：　　复核：　　制表：刘成刚

112. 计提所得税

31 日，进行纳税调整，计提本月预缴纳的企业所得税（采用资产负债表债务法）。假定 1 ~ 11 月无纳税调整项目。

主要原始单据：成都兰光机床有限责任公司所得税计算表（见表 4 - 6）、纳税调整项目明细表（见表 4 - 7）。

表 4 - 6　成都兰光机床有限责任公司所得税计算表

所属期间：2018 年 12 月 1 日至 2018 年 12 月 31 日　　　　单位：元

类别	行次	项目	金额
利润总额计算	1	一、营业收入	1 591 000.00
	2	减：营业成本	1 070 808.80
	3	税金及附加	20 044.97
	4	销售费用	76 243.33
	5	管理费用	225 009.67
	6	财务费用	-11 370.00
	7	资产减值损失	35 744.00
	8	加：公允价值变动收益	14 250.00
	9	投资收益	37 496.00
	10	二、营业利润	226 265.23
	11	加：营业外收入	59 000.00
	12	减：营业外支出	231 700.00
	13	三、利润总额	53 565.23
应纳税所得额计算	14	加：纳税调整增加额	251 244.00
	15	减：纳税调整减少额	43 050.00
	16	其中：不征税收入	
	17	免税收入	
	18	减计收入	
	19	加：境外应税所得弥补境内亏损	
	20	纳税调整后所得	261 759.23
	21	减：弥补以前年度亏损	
	22	应纳税所得额	261 759.23
应纳税额计算	23	税率（25%）	25%
	24	应纳所得税额	65 439.81
	25	减：减免所得税额	
	26	减：抵免所得税额	
	27	应纳税额	65 439.81
	28	加：境外所得应纳所得税额	
	29	减：境外所得抵免所得税额	
	30	实际应纳所得税额	65 439.81

表4-7 纳税调整项目明细表

行次	项目	账载金额	税收金额	调增金额	调减金额
1	一、收入类调整项目				
2	1. 视同销售收入				
3	2. 接受捐赠收入				
4	3. 未按权责发生制确认的收入				
5	4. 公允价值变动净收益（暂时性差异）	14 250.00			14 250.00
6	5. 不征税收入				
7	6. 免税收入				
8	7. 减计收入				
9	8. 其他				
10	二、扣除项目调整				
11	1. 视同销售成本				
12	2. 工资薪金支出				
13	3. 职工福利费支出				
14	4. 职工教育经费支出				
15	5. 工会经费支出				
16	6. 业务招待费支出	10 000.00	6 000.00	4 000.00	
17	7. 广告费和业务宣传费支出	12 000.00	229 650.00		
18	8. 捐赠支出	20 000.00	46 823.59		
19	9. 利息支出				
20	10. 住房公积金				
21	11. 罚金、罚款和被没收财物的损失	1 500.00		1 500.00	
22	12. 税收滞纳金				
23	13. 赞助支出				
24	14. 补充养老保险、补充医疗保险				
25	15. 与取得收入无关的支出	210 000.00		210 000.00	
26	16. 不征税收入用于支出所形成的费用				
27	17. 加计扣除				
28	18. 其他				
29	三、资产类调整项目				
30	1. 财产损失（坏账损失）		28 800.00		28 800.00
31	2. 固定资产折旧				
32	3. 长期待摊费用的摊销				
33	4. 投资转让、处置所得				
34	5. 其他				
35	四、准备金调整项目	35 744.00		35 744.00	
36	五、房地产企业预售收入计算的预计利润				
37	六、特别纳税调整应税所得				
38	七、其他				
39	合计			251 244.00	43 050.00

113. 结转损益类科目

114. 结转本年利润

115. 计提法定盈余公积金

31 日，根据税后利润计提 10% 的法定盈余公积金。

主要原始单据：计提法定盈余公积金计算表。

计提法定盈余公积金计算表

2018 年 12 月 31 日

税后利润（全年）	计提比例	法定盈余公积金	备注
465 498.92	10%	46 549.89	

会计主管：　　复核：　　制表：刘成刚

116. 编制财务会计报告

31 日，编制资产负债表、利润表、所有者权益变动表、现金流量表、会计报表附注。

说明：

（1）资产负债表和会计报表附注中的年初数采用 12 月份的期初数。

（2）现金流量表因资料不全，只要求编制 12 月份报表。

（3）利润表为 12 月份报表。

第五章　综合实训参考答案

一、会计分录（本答案所设置的明细科目，可适当调整）

会计分录见表5-1。

表5-1　会计分录

记账凭证序号	日　期	摘　要	会计分录
1	12月1日	签发银行汇票	借：其他货币资金——银行汇票　25 000 　贷：银行存款——工商银行　25 000
2	12月1日	购买办公用品	借：管理费用——办公费　500 　贷：库存现金　500
3	12月1日	存出投资款	借：其他货币资金——存出投资款　150 000 　贷：银行存款——工商银行　150 000
4	12月1日	购买股票（准备在短期内出售）	借：交易性金融资产——股票　100 000 　　投资收益　300 贷：其他货币资金——存出投资款　100 300
5	12月1日	付新光钢铁厂货款	借：应付账款——新光钢铁厂　150 000 　贷：银行存款——工商银行　150 000
6	12月2日	分期付款购进固定资产	第一步，计算总价款的现值。 $50/(1+6\%)+30/(1+6\%)^2+20/(1+6\%)^3$ $=47.17+26.70+16.79$ $=90.66$（万元） 第二步，确定总价款与现值的差额。 $100-90.66=9.34$（万元） 第三步，编制会计分录。 借：固定资产——生产设备　906 600 　　未确认融资费用　93 400 　贷：长期应付款——成都电器设备厂　1 000 000
7	12月3日	购进原材料黄铜5吨	借：原材料——主材类　56 000 　　应交税费——应交增值税（进项税）　9 520 　贷：应付账款——江西铜业公司　65 520
8	12月4日	采购员张兵报差旅费	借：销售费用——差旅费　7 500 　　库存现金　500 　贷：其他应收款——张兵　8 000
9	12月4日	销售数控机床6台	借：银行存款——工商银行　196 560 　贷：主营业务收入——数控机床　168 000 　　　应交税费——应交增值税（销项税）　28 560

表5－1(续)

记账凭证序号	日　期	摘　要	会计分录
10	12月5日	分期收款销售普通机床	借：长期应收款——汉江民政福利公司　250 000 　贷：主营业务收入——普通机床　200 000 　　　未实现融资收益　50 000
11	12月5日	生产领用原材料	借：生产成本——数控机床　50 000 　　　　　　——普通机床　28 000 　贷：原材料——主材类　78 000
12	12月5日	银行提取现金备用	借：库存现金　15 000 　贷：银行存款——工商银行　15 000
13	12月5日	支付在建工程款	借：在建工程——试验楼　200 000 　贷：银行存款——建设银行　200 000
14	12月5日	向银行贷款	借：银行存款——工商银行　500 000 　贷：短期借款——周转借款　500 000
15	12月5日	支付职工培训费	借：管理费用——职工教育费　2 000 　贷：库存现金　2 000
16	12月6日	支付罚款	借：营业外支出　1 000 　贷：银行存款——工商银行　1 000
17	12月6日	缴纳税金及附加	借：应交税费——应交城建税　68 400 　　　　　　——未交增值税　600 000 　　　　　　——应交所得税　230 000 　　　　　　——应交教育费附加　4 000 　贷：银行存款——工商银行　902 400
18	12月6日	外购半成品	借：原材料——外购半成品（电机）　28 000 　　应交税费——应交增值税（进项税）　4 760 　贷：应付账款——四川电动机厂　32 760
19	12月6日	用商业承兑汇票购原材料	借：原材料——主材类　27 500 　　应交税费——应交增值税（进项税）　4 675 　贷：应付票据——重庆钢铁厂　32 175
20	12月6日	支付广告费	借：销售费用——广告费　12 000 　贷：银行存款——工商银行　12 000
21	12月6日	从银行购买空白支票	借：财务费用　80 　贷：银行存款——工商银行　80
22	12月7日	支付以前欠货款	借：应付账款——四川电动机厂　32 760 　贷：银行存款——工行　32 760
23	12月7日	销售数控机床6台	借：银行存款——工商银行　200 070 　贷：主营业务收入——数控机床　171 000 　　　应交税费——应交增值税（销项税）　29 070
24	12月7日	支付货款	借：应付账款——上海钢铁公司　190 000 　贷：银行存款——工商银行　190 000

表5－1(续)

记账凭证序号	日　期	摘　要	会计分录
25	12月8日	收回货款	借：银行存款——工商银行　200 000 　贷：应收账款——江南机械设备厂　200 000
26	12月8日	处理坏账	借：坏账准备　8 800 　贷：应收账款——金华机床经营公司　8 800
27	12月8日	销售普通机床5台	借：应收票据——西安北方机电公司　146 250 　贷：主营业务收入——普通机床　125 000 　　应交税费——应交增值税（销项税）　21 250
28	12月9日	生产领用材料	借：生产成本——数控机床　61 945.71 　　——普通机床　48 945.71 　贷：原材料——主材类　109 391.42 　　——辅材类　1 500
29	12月9日	车间购买并领用办公用品	借：制造费用　3 000 　贷：银行存款——工商银行　3 000
30	12月9日	支付罚款	借：营业外支出　500 　贷：库存现金　500
31	12月9日	销售员报销差旅费等	借：销售费用——差旅费　9 600 　贷：库存现金　1 600 　　其他应收款——李强　8 000
32	12月10日	交电话费	借：管理费用——办公费　1 800 　贷：银行存款——工商银行　1 800
33	12月11日	借支差旅费	借：其他应收款——张兵　5 000 　贷：库存现金　5 000
34	12月11日	商业汇票到期收回	借：银行存款——工商银行　200 000 　贷：应收票据——重庆机电公司　200 000
35	12月11日	收回货款	借：银行存款——工商银行　100 000 　贷：应收账款——北京机电设备公司　100 000
36	12月12日	销售普通机床4台	借：应收账款——南江机床经销公司　117 500 　贷：主营业务收入——普通机床　100 000 　　应交税费——应交增值税（销项税）　17 000 　　库存现金　500
37	12月12日	发放11月职工工资	借：应付职工薪酬——工资　267 000 　贷：银行存款——工商银行　267 000
38	12月13日	缴纳职工养老保险等	借：应付职工薪酬——社保基金　80 000 　贷：银行存款——工商银行　80 000
39	12月13日	缴纳职工住房公积金	借：应付职工薪酬——住房公积金　70 000 　贷：银行存款——工商银行　70 000

表5－1(续)

记账凭证序号	日　期	摘　要	会计分录
40	12月14日	固定资产报废处理	借：固定资产清理　2 000 　　累计折旧　58 000 　贷：固定资产——汽车　60 000 借：库存现金　2 500 　贷：固定资产清理　2 500 借：固定资产清理　500 　贷：营业外收入　500
41	12月14日	核销坏账	借：坏账准备　20 000 　　银行存款——工商银行　5 000 　贷：应收账款——新隆公司　25 000
42	12月15日	购买劳保用品	借：周转材料——低值易耗品　11 000 　　应交税费——应交增值税（进项税）　1 870 　贷：银行存款——工商银行　12 870
43	12月15日	购买半成品	借：原材料——外购半成品　9 800 　　应交税费——应交增值税（进项税）　1 666 　贷：应付账款——四川电动机厂　11 466
44	12月15日	车间领用低值易耗品	借：制造费用　4 440 　贷：周转材料——低值易耗品　4 440
45	12月15日	生产领用包装箱	借：生产成本——数控机床　1 000 　　　　　　——普通机床　1 000 　贷：周转材料——包装物　2 000
46	12月15日	生产领用外购半成品	借：生产成本——数控机床　63 000 　　　　　　——普通机床　63 000 　贷：原材料——外购半成品　126 000
47	12月15日	支付非生产经营用汽车修理费	借：管理费用——修理费　5 850 　贷：银行存款——工商银行　5 850
48	12月16日	在途材料验收入库	借：原材料——主材类　150 000 　贷：在途材料——川威钢铁厂　140 000 　　　　　　——长江电机厂　10 000
49	12月16日	支付报纸杂志订阅费	借：管理费用——办公费　6 800 　贷：银行存款——工商银行　6 800
50	12月16日	收回货款	借：银行存款——工商银行　117 500 　贷：应收账款——南江机床经销公司　117 500
51	12月17日	收到股权投资分红款	借：银行存款——工商银行　20 000 　贷：投资收益　20 000
52	12月17日	向希望工程捐款	借：营业外支出　20 000 　贷：银行存款——工商银行　20 000
53	12月17日	销售包装物	借：银行存款——工商银行　3 510 　贷：其他业务收入——让售材料　3 000 　　　应交税费——应交增值税（销项税）　510

表5－1(续)

记账凭证序号	日 期	摘 要	会计分录
54	12月17日	转账支付房屋维修费	借：管理费用——修理费 6 000 制造费用 4 000 贷：银行存款——工商银行 10 000
55	12月18日	赊销数控机床6台	借：应收账款——南江机床经销公司 210 600 贷：主营业务收入——数控机床 180 000 应交税费——应交增值税（销项税） 30 600
56	12月18日	行政车间领用低值易耗品	借：管理费用——办公费 200 制造费用 100 贷：周转材料——低值易耗品 300
57	12月18日	转账支付排污费	借：管理费用——其他 23 000 贷：银行存款——工商银行 23 000
58	12月18日	银行承兑汇票到期收回	借：银行存款——工商银行 300 000 贷：应收票据——西安北方电机公司 300 000
59	12月18日	现款采购需安装固定资产	借：在建工程——非生产经营用设备 117 000 贷：银行存款——工商银行 117 000
60	12月19日	车间领用原材料	借：生产成本——数控机床 77 467.43 ——普通机床 49 172.00 贷：原材料——主材类 119 139.13 ——辅材类 7 500
61	12月19日	现金支付法律咨询费	借：管理费用——其他 3 000 贷：库存现金 3 000
62	12月19日	预付财产保险费	借：其他应收款——财产保险费 39 000 贷：银行存款——工商银行 39 000
63	12月19日	赊销普通机床8台	借：应收账款——北京机电公司 187 200 贷：主营业务收入——普通机床 160 000 应交税费——应交增值税（销项税） 27 200
64	12月20日	支付炼钢炉安装费，并转固	①借：在建工程——非生产经营用设备 3 855 贷：银行存款——工商银行 3 855 ②借：固定资产—非生产经营用设备 120 855 贷：在建工程—非生产经营用设备 120 855
65	12月20日	向新光钢铁厂赊购原材料	借：原材料——主材类 125 000 应交税费——应交增值税（进项税） 21 250 贷：应付账款——新光钢铁厂 146 250
66	12月20日	支付货车油费等	借：销售费用——其他费用 8 500 贷：库存现金 8 500
67	12月20日	支付小车油费等	借：管理费用——其他费用 1 700 贷：库存现金 1 700
68	12月20日	接受追加投资	借：银行存款——工商银行 500 000 贷：实收资本——黄河实业投资公司 500 000

表5－1(续)

记账凭证序号	日　期	摘　要	会计分录
69	12月21日	预计未决诉讼赔偿款	借：营业外支出　210 000 贷：预计负债——未决诉讼　210 000
70	12月21日	出售专利权	借：银行存款——工商银行　230 000 累计摊销　40 000 贷：无形资产——专利权　200 000 应交税费——增值税　11 500 营业外收入——处置非流动资产收益　58 500
71	12月21日	赊销数控机床4台	借：应收账款——上海机床经营公司　145 080 贷：主营业务收入——数控机床　124 000 应交税费——应交增值税（销项税）　21 080
72	12月22日	内部转账	借：银行存款——建设银行　1 000 000 贷：银行存款——工商银行　1 000 000
73	12月22日	支付试验楼工程款	借：在建工程——试验楼　1 000 000 贷：银行存款——建设银行　1 000 000
74	12月22日	收回货款	借：银行存款——工商银行　66 200 贷：应收账款——上海机床经营公司　66 200
75	12月23日	商业承兑汇票贴现	借：银行存款——工商银行　197 500 财务费用　2 500 贷：应收票据——西安北方机电公司　200 000
76	12月23日	销售产品并收取货款	借：应收票据——重庆机电公司　250 000 银行存款——工商银行　101 000 贷：主营业务收入——数控机床　300 000 应交税费——应交增值税（销项税）　51 000
77	12月23日	车间领用原材料	借：生产成本——数控机床　108 616.72 ——普通机床　72 649.24 贷：原材料——主材类　155 265.96 ——辅材类　26 000
78	12月23日	用产品抵偿债务	①借：应付账款——福建铸钢厂　70 000 营业外支出　200 贷：主营业务收入——数控机床　60 000 应交税费——应交增值税（销项税）　10 200 ②借：主营业务成本　40 000 贷：库存商品——数控机床　40 000
79	12月23日	车间领用外购半成品	借：生产成本——数控机床　76 000 ——普通机床　76 000 贷：原材料——外购半成品　152 000
80	12月24日	归还贷款及利息	借：短期借款　2 020 000 应付利息——短期借款利息　30 300 贷：银行存款——工商银行　2 050 300
81	12月24日	冲回多计提贷款利息	借：财务费用　－14 700 贷：应付利息——短期借款利息　－14 700

表5－1(续)

记账凭证序号	日　期	摘　要	会计分录
82	12月24日	支付本月新增贷款利息	借：财务费用　1 250 　贷：银行存款——工商银行　1 250
83	12月25日	处理现金短少	借；待处理财产损溢　118 　贷；库存现金　118 借：其他应收款——出纳　50 　　管理费用——其他　68 　贷：待处理财产损溢　118
84	12月25日	支付银行手续费	借：财务费用　300 　贷：银行存款——工商银行　300
85	12月25日	收银行存款利息	借：银行存款——工商银行　500 　　　　　　——建设银行　300 　贷：财务费用　800
86	12月25日	出售交易性金融资产	借：其他货币资金——存出投资款　67 796 　贷：交易性金融资产——股票　50 000 　　　投资收益　17 796
87	12月26日	证券资金户转入结算户	借：银行存款——工商银行　100 000 　贷：其他货币资金——存出投资款　100 000
88	12月27日	支付招待费	借：管理费用——业务招待费　7 000 　　销售费用——业务招待费　3 000 　贷：银行存款——工商银行　10 000
89	12月27日	支付产品运输费	借：销售费用——运输费　18 740 　　应交税费——应交增值税（进项税）　1 260 　贷：银行存款——工商银行　20 000
90	12月28日	支付员工辞退补偿金	借：管理费用——其他　4 500 　贷：应付职工薪酬——辞退薪酬　4 500 借：应付职工薪酬——辞退薪酬　4 500 　贷：库存现金　4 500
91	12月29日	支付本月电费并进行分配	借：管理费用——其他　1 450 　　制造费用　10 150 　　应交税费——应交增值税（进项税）　1 972 　贷：银行存款——工商银行　13 572
92	12月29日	赊购原材料	借：原材料——主材类　56 000 　　应交税费——应交增值税（进项税）　9 520 　贷：应付账款——江西铜业公司　65 520
93	12月29日	赊购原材料	借：原材料——主材类　50 000 　　应交税费——应交增值税（进项税）　8 500 　贷：应付账款——新光钢铁厂　58 500
94	12月29日	支付本月水费并进行分配	借：管理费用——其他　300 　　制造费用　12 200 　　应交税费——应交增值税（进项税）　750 　贷：银行存款——工商银行　13 250

表5-1(续)

记账凭证序号	日　期	摘　要	会计分录
95	12月30日	计提长期贷款利息	借：在建工程——试验大楼　150 000 　贷：长期借款——试验楼工程借款利息　150 000
96	12月30日	摊销预付保险费	借：管理费用——其他　3 250 　贷：其他应收款——财产保险费　3 250
97	12月30日	无形资产摊销	借：管理费用——其他　1 166.67 　贷：累计摊销　1 166.67
98	12月30日	计提本月固定资产折旧	借：制造费用——折旧费　18 927.92 　　管理费用——折旧费　4 750.00 　　销售费用——折旧费　2 083.33 　贷：累计折旧　25 761.25
99	12月30日	计提本月工资及福利费	借：生产成本——数控机床　115 140 　　　　　——普通机床　84 360 　　制造费用　38 760 　　管理费用——职工薪酬　51 300 　　销售费用——职工薪酬　14 820 　贷：应付职工薪酬——工资　267 000 　　　　　　　——福利费　37 380
100	12月30日	计提本月工会经费、养老失业保险及医疗保险等	借：生产成本——数控机床　37 875 　　生产成本——普通机床　27 750 　　制造费用　12 750 　　管理费用　16 875 　　销售费用　4 875 　贷：应付职工薪酬——工会经费　5 340 　　　　　　　——社保基金　73 425 　　　　　　　——住房公积金　21 360
101	12月31日	交易性金融资产期末计量	借：交易性金融资产——公允价值变动　14 250 　贷：公允价值变动损益　14 250
102	12月31日	月末分摊制造费用	借：生产成本——数控机床　41 210.06 　　　　　——普通机床　50 367.86 　贷：制造费用　91 577.92
103	12月31日	结转完工产品成本	借：库存商品——数控机床　594 379.92 　　　　　——普通机床　473 494.81 　贷：生产成本——普通机床　473 494.81 　　　　　——数控机床　594 379.92
104	12月31日	结转产品销售成本	借：主营业务成本——数控机床　665 972.50 　　　　　　——普通机床　362 836.30 　贷：库存商品——数控机床　665 972.50 　　　　　——普通机床　362 836.30
105	12月31日	计提主营业务税金及附加	借：税金及附加　20 044.97 　贷：应交税费——城建税　12 755.89 　　　　　——教育费附加　7 289.08

表5－1(续)

记账凭证序号	日　期	摘　要	会计分录
106	12月31日	结转未交增值税	借：应交税费——应交增值税（转出未交增值税）182 227.00 　贷：应交税费——未交增值税　182 227.00
107	12月31日	计提坏账准备	借：资产减值损失　31 944 　贷：坏账准备　31 944
108	12月31日	年末存货盘点处理	借：管理费用——其他　250 　贷：原材料——辅材类　250
109	12月31日	计提存货跌价准备	借：资产减值损失　2 800 　贷：存货跌价准备　2 800
110	12月31日	结转销售材料成本	借：其他业务成本——出售材料　2 000 　贷：周转材料——包装物　2 000
111	12月31日	计提固定资产减值准备	借：资产减值损失　1 000 　贷：固定资产减值准备　1 000
112	12月31日	计提所得税	①借：所得税费用　65 439.81 　贷：应交税费——企业所得税　65 439.81 ②借：递延所得税资产　61 436 　贷：所得税费用　61 436 ③借：所得税费用　3 562.50 　贷：递延所得税负债　3 562.50
113	12月31日	结转损益类科目	①借：主营业务收入　1 588 000 　其他业务收入　3 000 　投资收益　37 496 　公允价值变动收益　14 250 　营业外收入　59 000 　贷：本年利润　1 701 746 ②借：本年利润　1 655 747.08 　贷：主营业务成本　1 068 808.80 　税金及附加　20 044.97 　其他业务成本　2 000 　销售费用　76 243.33 　管理费用　225 009.67 　财务费用　－11 370 　营业外支出　231 700 　资产减值损失　35 744 　所得税费用　7 566.31
114	12月31日	结转本年利润（含1～11月份）	借：本年利润　465 498.92 　贷：利润分配——未分配利润　465 498.92
115	12月31日	计提法定盈余公积金	借：利润分配——未分配利润　46 549.89 　贷：盈余公积　46 549.89

二、科目汇总表

记账凭证汇总表见表5－2至表5－5。

表5－2　记账凭证汇总表（1）

汇字第01号

汇总日期：2018年12月1日至2018年12月10日　　凭证自1号至32号

第1页共2页

会计科目	√	借方金额											√	贷方金额										
		亿	千	百	十	万	千	百	十	元	角	分		亿	千	百	十	万	千	百	十	元	角	分
库存现金						1	5	5	0	0	0	0							4	6	0	0	0	0
银行存款				1	0	9	6	6	3	0	0	0				1	6	8	3	0	4	0	0	0
其他货币资金					1	7	5	0	0	0	0	0					1	0	0	3	0	0	0	0
交易性金融资产					1	0	0	0	0	0	0	0												
应收票据					1	4	6	2	5	0	0	0												
应收账款																	2	0	8	8	0	0	0	0
其他应收款																		1	6	0	0	0	0	0
坏账准备							8	8	0	0	0	0												
原材料					1	1	1	5	0	0	0	0					1	8	8	8	9	1	4	2
长期应收款					2	5	0	0	0	0	0	0												
未实现融资收益																		5	0	0	0	0	0	0
固定资产					9	0	6	6	0	0	0	0												
在建工程					2	0	0	0	0	0	0	0												
短期借款																	5	0	0	0	0	0	0	0
应付票据																		3	2	1	7	5	0	0
应付账款					3	7	2	7	6	0	0	0						9	8	2	8	0	0	0
应交税费					9	2	1	3	5	5	0	0						7	8	8	8	0	0	0
长期应付款																1	0	0	0	0	0	0	0	0
未确认融资费用						9	3	4	0	0	0	0												
生产成本					1	8	8	8	9	1	4	2												
制造费用							3	0	0	0	0	0												
主营业务收入																	6	6	4	0	0	0	0	0
投资收益								3	0	0	0	0												
销售费用						2	9	1	0	0	0	0												
管理费用							4	3	0	0	0	0												
财务费用									8	0	0	0												
营业外支出							1	5	0	0	0	0												
合计				4	6	2	4	9	6	6	4	2				4	6	2	4	9	6	6	4	2

会计主管　　　　记账　　　　复核　　　　制表

表 5-3 记账凭证汇总表（2）

汇字第 02 号

汇总日期：2018 年 12 月 11 日至 2018 年 12 月 20 日　　凭证自 33 号至 68 号

第 1 页共 2 页

会计科目	√	借方金额											√	贷方金额										
		亿	千	百	十	万	千	百	十	元	角	分		亿	千	百	十	万	千	百	十	元	角	分
库存现金							2	5	0	0	0	0						1	8	7	0	0	0	0
银行存款				1	2	4	6	0	1	0	0	0					6	5	5	3	7	5	0	0
应收票据																	5	0	0	0	0	0	0	0
应收账款					5	1	5	3	0	0	0	0					2	4	2	5	0	0	0	0
其他应收款						4	4	0	0	0	0	0												
坏账准备						2	0	0	0	0	0	0												
在途材料																	1	5	0	0	0	0	0	0
原材料					2	8	4	8	0	0	0	0					2	5	2	6	3	9	4	3
周转材料						1	1	0	0	0	0	0							6	7	4	0	0	0
固定资产					1	2	0	8	5	5	0	0						6	0	0	0	0	0	0
累计折旧						5	8	0	0	0	0	0												
在建工程					1	2	0	8	5	5	0	0					1	2	0	8	5	5	0	0
固定资产清理							2	5	0	0	0	0							2	5	0	0	0	0
应付账款																	1	5	7	7	1	6	0	0
应付职工薪酬					4	1	7	0	0	0	0	0												
应交税费						2	4	7	8	6	0	0						7	5	3	1	0	0	0
实收资本																	5	0	0	0	0	0	0	0
生产成本					2	5	4	6	3	9	4	3												
制造费用							8	5	4	0	0	0												
主营业务收入																	4	4	0	0	0	0	0	0
其他业务收入																			3	0	0	0	0	0
投资收益																		2	0	0	0	0	0	0
销售费用							8	5	0	0	0	0												
管理费用						4	6	5	5	0	0	0												
营业外收入																				5	0	0	0	0
营业外支出						2	0	0	0	0	0	0												
合计				3	2	0	5	8	3	5	4	3				3	2	0	5	8	3	5	4	3

会计主管　　记账　　复核　　制表

表 5-4　记账凭证汇总表（3）

汇字第 03 号

汇总日期：2018 年 12 月 21 日至 2018 年 12 月 31 日　　　　凭证自 69 号至 105 号

第 1 页共 2 页

会计科目	√	借方金额											√	贷方金额										
		亿	千	百	十	万	千	百	十	元	角	分		亿	千	百	十	万	千	百	十	元	角	分
库存现金																			4	6	1	8	0	0
银行存款				1	6	9	5	5	0	0	0	0				4	1	0	8	6	7	2	0	0
其他货币资金						6	7	7	9	6	0	0					1	0	0	0	0	0	0	0
交易性金融资产						1	4	2	5	0	0	0						5	0	0	0	0	0	0
应收票据					2	5	0	0	0	0	0	0					2	0	0	0	0	0	0	0
应收账款					1	4	5	0	8	0	0	0						6	6	2	0	0	0	0
其他应收款									5	0	0	0							3	2	5	0	0	0
坏账准备																		3	1	9	4	4	0	0
原材料					1	0	6	0	0	0	0	0					1	8	1	5	1	5	9	6
包装物																			2	0	0	0	0	0
库存商品				1	0	6	7	8	7	4	7	3				1	0	6	8	8	0	8	8	0
外购半成品																	1	5	2	0	0	0	0	0
存货跌价准备																			2	8	0	0	0	0
累计折旧																		2	5	7	6	1	2	5
在建工程				1	1	5	0	0	0	0	0	0												
固定资产减值准备																			1	0	0	0	0	0
无形资产																	2	0	0	0	0	0	0	0
累计摊销						4	0	0	0	0	0	0							1	1	6	6	6	7
递延所得税资产						6	1	4	3	6	0	0												
短期借款				2	0	2	0	0	0	0	0	0												
应付账款						7	0	0	0	0	0	0					1	2	4	0	2	0	0	0
应付职工薪酬							4	5	0	0	0	0					4	0	9	0	0	5	0	0
应交税费					1	9	2	7	2	9	0	0					3	4	9	9	9	1	7	8
应付利息						3	0	3	0	0	0	0					-	1	4	7	0	0	0	0
长期借款																	1	5	0	0	0	0	0	0
预计负债																	2	1	0	0	0	0	0	0
递延所得税负债																			3	5	6	2	5	0
盈余公积																		4	6	5	4	9	8	9
本年利润				2	1	2	1	2	4	6	0	0				1	7	0	1	7	4	6	0	0
利润分配						4	6	5	4	9	8	9					4	6	5	4	9	8	9	2
生产成本					6	2	4	3	4	3	8	8				1	0	6	7	8	7	4	7	3
制造费用						8	0	0	3	7	9	2						9	1	5	7	7	9	2
主营业务收入				1	5	8	8	0	0	0	0	0					4	8	4	0	0	0	0	0
其他业务收入							3	0	0	0	0	0												

会计主管　　　　记账　　　　复核　　　　制表

表 5－5　记账凭证汇总表（4）

汇字第 03 号

汇总日期：2018 年 12 月 21 日至 2018 年 12 月 31 日　　　　凭证自 69 号至 105 号

第 2 页共 2 页

会计科目	√	借方金额											√	贷方金额										
		亿	千	百	十	万	千	百	十	元	角	分		亿	千	百	十	万	千	百	十	元	角	分
主营业务成本				1	0	6	8	8	0	8	8	0				1	0	6	8	8	0	8	8	0
其他业务支出							2	0	0	0	0	0							2	0	0	0	0	0
税金及附加						2	0	0	4	4	9	7						2	0	0	4	4	9	7
公允价值变动损益						1	4	2	5	0	0	0						1	4	2	5	0	0	0
投资收益						3	7	4	9	6	0	0						1	7	7	9	6	0	0
销售费用						3	8	6	4	3	3	3						7	6	2	4	3	3	3
管理费用					1	7	4	1	5	9	6	7					2	2	5	0	0	9	6	7
财务费用					－	1	0	6	5	0	0	0					－	1	0	5	7	0	0	0
资产减值损失						3	5	7	4	4	0	0						3	5	7	4	4	0	0
营业外收入						5	9	0	0	0	0	0						5	8	5	0	0	0	0
营业外支出					2	1	0	2	0	0	0	0					2	3	1	7	0	0	0	0
所得税费用						6	9	0	0	2	3	1						6	9	0	0	2	3	1
合计			1	3	0	9	7	3	9	2	5	0			1	3	0	9	7	3	9	2	5	0

会计主管　　　　记账　　　　复核　　　　制表

三、“T”型账户

本答案采用记账凭证核算形式登记总账，实训时要求采用科目汇总表核算形式登记总账和明细账。因此，答案仅作总账余额参考，并与登记的明细账余额核对。相关数据见表 5－6 至表 5－61。

表 5－6　现金

期初余额	20 000.00	（2）	500.00
（8）	500.00	（15）	2 000.00
（12）	15 000.00	（30）	500.00
（40）	2 500.00	（31）	1 600.00
		（33）	5 000.00
		（36）	500.00
		（61）	3 000.00
		（66）	8 500.00
		（67）	1 700.00
		（83）	118.00
		（90）	4 500.00
本期发生额	18 000.00	本期发生额	27 918.00
期末余额	10 082.00		

表 5－7　银行存款——工商银行

期初余额	2 800 000.00(建行 400 000.00)		
(9)	196 560.00	(1)	25 000.00
(14)	500 000.00	(3)	150 000.00
(23)	200 070.00	(5)	150 000.00
(25)	200 000.00	(12)	15 000.00
(34)	200 000.00	(16)	1 000.00
(35)	100 000.00	(17)	902 400.00
(41)	5 000.00	(20)	12 000.00
(50)	117 500.00	(21)	80.00
(51)	20 000.00	(22)	32 760.00
(53)	3 510.00	(24)	190 000.00
(58)	300 000.00	(29)	3 000.00
(68)	500 000.00	(32)	1 800.00
(70)	230 000.00	(37)	267 000.00
(74)	66 200.00	(38)	80 000.00
(75)	197 500.00	(39)	70 000.00
(76)	101 000.00	(42)	12 870.00
(85)	500.00	(47)	5 850.00
(87)	100 000.00	(49)	6 800.00
		(52)	20 000.00
		(54)	10 000.00
		(57)	23 000.00
		(59)	117 000.00
		(62)	39 000.00
		(64)	3 855.00
		(72)	1 000 000.00
		(73)	1 000 000.00（建行）
		(80)	2 050 300.00
		(82)	1 250.00
		(84)	300.00
		(88)	10 000.00
		(89)	20 000.00
		(91)	13 572.00
		(94)	13 250.00
本期发生额	3 037 840.00	本期发生额	5 247 087.00
期末余额	190 753.00		

表 5－8　银行存款——建设银行

期初余额	400 000.00		
(72)	1 000 000.00	(13)	200 000.00
(85)	300.00	(73)	1 000 000.00
本期借方发生额	100 300.00	本期贷方发生额	1 200 000.00
期末余额	200 300.00		

表 5－9　其他货币资金

期初余额	73 000.00		
（1）	25 000.00	（4）	100 300.00
（3）	150 000.00	（87）	100 000.00
（86）	67 796.00		
本期发生额	242 796.00	本期发生额	200 300.00
期末余额	115 496.00		

表 5－10　交易性金融资产

（4）	100 000.00	（86）	50 000.00
（101）	14 250.00		
本期发生额	114 250.00	本期发生额	50 000.00
期末余额	64 250.00		

表 5－11　应收票据

期初余额	1 000 000.00		
（27）	146 250.00	（34）	200 000.00
（76）	250 000.00	（58）	300 000.00
		（75）	200 000.00
本期发生额	396 250.00	本期发生额	700 000.00
期末余额	696 250.00		

表 5－12　应收账款

期初余额	400 000.00		
（36）	117 500.00	（25）	200 000.00
（55）	210 600.00	（26）	8 800.00
（63）	187 200.00	（35）	100 000.00
（71）	145 080.00	（41）	25 000.00
		（50）	117 500.00
		（74）	66 200.00
本期借方发生额	660 380.00	本期贷方发生额	517 500.00
期末余额	542 880.00		

表 5－13　坏账准备

		期初余额	24 000.00
(26)	8 800.00	(107)	31 944.00
(41)	20 000.00		
本期借方发生额	28 800.00	本期贷方发生额	31 944.00
		期末余额	27 144.00

表 5－14　其他应收款

期初余额	68 000.00		
(33)	5 000.00	(8)	8 000.00
(62)	39 000.00	(31)	8 000.00
(83)	50.00	(96)	3 250.00
本期借方发生额	44 050.00	本期贷方发生额	19 250.00
期末余额	92 800.00		

表 5－15　原材料

期初余额	1 000 000.00		
(7)	56 000.00	(11)	78 000.00
(18)	28 000.00	(28)	110 891.42
(19)	27 500.00	(46)	126 000.00
(43)	9 800.00	(60)	126 639.43
(48)	150 000.00	(77)	181 265.96
(65)	125 000.00	(79)	152 000.00
(92)	56 000.00	(108)	250.00
(93)	50 000.00		
本期借方发生额	502 300.00	本期贷方发生额	775 046.81
期末余额	727 253.19		

表 5－16　在途材料

期初余额	210 000.00		
		(48)	140 000.00
		(48)	10 000.00
本期借方发生额		本期贷方发生额	150 000.00
期末余额	60 000.00		

表5-17 周转材料

期初余额	31 200.00		
(42)	11 000.00	(44)	4 440.00
		(45)	2 000.00
		(56)	300.00
		(110)	2 000.00
本期借方发生额	11 000.00	本期贷方发生额	8 740.00
期末余额	33 460.00		

表5-18 库存商品

期初余额	1 200 000.00		
(103)	1 067 874.73	(78)	40 000.00
		(104)	1 028 808.80
本期借方发生额	1 067 874.73	本期贷方发生额	1 068 808.80
期末余额	1 199 065.93		

表5-19 存货跌价准备

		期初余额	17 000.00
		(109)	2 800.00
本期借方发生额	0.00	本期贷方发生额	2 800.00
		期末余额	19 800.00

表5-20 长期应收款

(10)	250 000.00		
本期借方发生额	250 000.00	本期贷方发生额	0
期末余额	250 000.00		

表5-21 未确认融资费用

(6)	93 400.00		
本期借方发生额	93 400.00	本期贷方发生额	0
期末余额	93 400.00		

表 5－22　固定资产

期初余额	5 000 000.00		
(6)	906 600.00	(40)	60 000.00
(64)	120 855.00		
本期借方发生额	1 027 455.00	本期贷方发生额	60 000.00
期末余额	5 967 455.00		

表 5－23　累计折旧

		期初余额	632 500.00
(40)	58 000.00	(98)	25 761.25
本期借方发生额	58 000.00	本期贷方发生额	25 761.25
		期末余额	600 261.25

表 5－24　固定资产减值准备

		期初余额	50 000.00
		(111)	1 000.00
本期借方发生额	0	本期贷方发生额	1 000.00
		期末余额	51 000.00

表 5－25　在建工程

期初余额	1 350 000.00		
(13)	200 000.00	(64)	120 855.00
(59)	117 000.00		
(64)	3 855.00		
(73)	1 000 000.00		
(95)	150 000.00		
本期借方发生额	1 470 855.00	本期贷方发生额	120 855.00
期末余额	2 700 000.00		

表 5－26　固定资产清理

(40)	2 000.00	(40)	2 500.00
(40)	500.00		
本期借方发生额	2 500.00	本期贷方发生额	2 500.00
期末余额	0		

表 5-27　累计摊销

		期初余额	68 000.00
(70)	40 000.00	(97)	1 166.67
本期借方发生额	40 000.00	本期贷方发生额	1 166.67
		期末余额	29 166.67

表 5-28　无形资产

期初余额	340 000.00		
		(70)	200 000.00
本期借方发生额	0	本期贷方发生额	200 000.00
期末余额	140 000.00		

表 5-29　递延所得税资产

(112)	61 436.00		
本期借方发生额	61 436.00	本期贷方发生额	0
期末余额	61 436.00		

表 5-30　短期借款

		期初余额	2 020 000.00
(80)	2 020 000.00	(14)	500 000.00
本期借方发生额	2 020 000.00	本期贷方发生额	500 000.00
		期末余额	500 000.00

表 5-31　应付票据

		(19)	32 175.00
本期借方发生额	0	本期贷方发生额	32 175.00
		期末余额	32 175.00

表 5－32　应付账款

		期初余额	500 000.00
(5)	150 000.00	(7)	65 520.00
(22)	32 760.00	(18)	32 760.00
(24)	190 000.00	(43)	11 466.00
(78)	70 000.00	(65)	146 250.00
		(93)	58 500.00
		(92)	65 520.00
本期借方发生额	442 760.00	本期贷方发生额	380 016.00
		期末余额	437 256.00

表 5－33　应付职工薪酬

		期初余额	497 000.00
(37)	267 000.00	(90)	4 500.00
(38)	80 000.00	(99)	267 000.00
(39)	70 000.00	(99)	37 380.00
(90)	4 500.00	(100)	100 125.00
本期借方发生额	421 500.00	本期贷方发生额	409 005.00
		期末余额	484 505.00

表 5－34　应付利息

		期初余额	45 000.00
(80)	30 300.00	(81)	－14 700.00
本期借方发生额	30 300.00	本期贷方发生额	－14 700.00
		期末余额	0

表 5－35　应交税费——其他

		期初余额	902 400.00
(17)	902 400.00	(105)	20 044.97
		(106)	182 227.00
		(112)	65 439.81
本期借方发生额	902 400.00	本期贷方发生额	267 711.78
		期末余额	267 711.78

表 5-36　应交税费——应交增值税

(7)	9 520.00	(9)	28 560.00
(18)	4 760.00	(23)	29 070.00
(19)	4 675.00	(27)	21 250.00
(42)	1 870.00	(36)	17 000.00
(43)	1 666.00	(53)	510.00
(65)	21 250.00	(55)	30 600.00
(89)	1 260.00	(63)	27 200.00
(91)	1 972.00	(70)	11 500.00
(92)	9 520.00	(71)	21 080.00
(93)	8 500.00	(76)	51 000.00
(94)	750.00	(78)	10 200.00
(106)	182 227.00		
本期借方发生额	247 970.00	本期贷方发生额	247 970.00
		期末余额	0

注：为方便计算增值税，特将应交税费中的增值税单独设立账户核算。

表 5-37　预计负债

		(69)	210 000.00
本期借方发生额	0	本期贷方发生额	210 000.00
		期末余额	210 000.00

表 5-38　长期借款

		期初余额	1 500 000.00
		(95)	150 000.00
本期借方发生额	0	本期贷方发生额	150 000.00
		期末余额	1 650 000.00

表 5-39　长期应付款

		(6)	1 000 000.00
本期借方发生额	0	本期贷方发生额	1 000 000.00
		期末余额	1 000 000.00

表 5－40　递延所得税负债

		(112)	3 562. 50
本期借方发生额	0	本期贷方发生额	3 562. 50
		期末余额	3 562. 50

表 5－41　未实现融资收益

		(10)	50 000. 00
本期借方发生额	0	本期贷方发生额	50 000. 00
		期末余额	50 000. 00

表 5－42　实收资本

		期初余额	5 000 000. 00
		(68)	500 000. 00
本期借方发生额	0	本期贷方发生额	500 000. 00
		期末余额	5 500 000. 00

表 5－43　盈余公积

		期初余额	750 000. 00
		(115)	46 549. 89
本期借方发生额	0	本期贷方发生额	46 549. 89
		期末余额	796 549. 89

表 5－44　本年利润

		期初余额	419 500. 00
(113)	1 655 747. 08	(113)	1 701 746. 00
(114)	465 498. 92		
本期借方发生额	2 121 246. 00	本期贷方发生额	1 701 746. 00
		期末余额	0

表 5－45　未分配利润

		期初余额	99 500. 00
(115)	46 549. 89	(114)	465 498. 92
本期借方发生额	46 549. 89	本期贷方发生额	465 498. 92
		期末余额	518 449. 03

表5-46　主营业务收入

(113)	1 588 000.00	(9)	168 000.00
		(10)	200 000.00
		(23)	171 000.00
		(27)	125 000.00
		(36)	100 000.00
		(55)	180 000.00
		(63)	160 000.00
		(71)	124 000.00
		(76)	300 000.00
		(78)	60 000.00
本期借方发生额	1 588 000.00	本期贷方发生额	1 588 000.00

表5-47　主营业务成本

(78)	40 000.00	(113)	1 068 808.80
(104)	1 028 808.80		
本期借方发生额	1 068 808.80	本期贷方发生额	1 068 808.80

表5-48　税金及附加

(105)	20 044.97	(113)	20 044.97
本期借方发生额	20 044.97	本期贷方发生额	20 044.97

表5-49　其他业务收入

(113)	3 000.00	(53)	3 000.00
本期借方发生额	3 000.00	本期贷方发生额	3 000.00

表5-50　其他业务成本

(110)	2 000.00	(113)	2 000.00
本期借方发生额	2 000.00	本期贷方发生额	2 000.00

表 5－51　销售费用

(8)	7 500.00	(113)	76 243.33
(20)	12 000.00		
(31)	9 600.00		
(66)	8 500.00		
(88)	3 000.00		
(89)	18 740.00		
(98)	2 083.33		
(99)	14 820.00		
本期借方发生额	76 243.33	本期贷方发生额	76 243.33

表 5－52　管理费用

(2)	500.00	(113)	225 009.67
(15)	2 000.00		
(32)	1 800.00		
(47)	5 850.00		
(49)	6 800.00		
(54)	6 000.00		
(56)	200.00		
(57)	23 000.00		
(61)	3 000.00		
(67)	1 700.00		
(83)	68.00		
(88)	7 000.00		
(90)	4 500.00		
(91)	1 450.00		
(94)	300.00		
(96)	3 250.00		
(97)	1 166.67		
(98)	4 750.00		
(99)	51 300.00		
(100)	100 125.00		
(108)	250.00		
本期借方发生额	225 009.67	本期贷方发生额	225 009.67

表 5－53　公允价值变动收益

(113)	14 250.00	(101)	14 250.00
本期借方发生额	14 250.00	本期贷方发生额	14 250.00

表 5-54　财务费用

(21)	80.00	(113)	-11 370.00
(75)	2 500.00		
(81)	-14 700.00		
(82)	1 250.00		
(84)	300.00		
(85)	-800.00		
本期借方发生额	-11 370.00	本期贷方发生额	-11 370.00

表 5-55　资产减值损失

(107)	31 944.00	(113)	35 744.00
(109)	2 800.00		
(111)	1 000.00		
本期借方发生额	35 744.00	本期贷方发生额	35 744.00

表 5-56　投资收益

(4)	300.00	(51)	20 000.00
(113)	37 496.00	(86)	17 796.00
本期借方发生额	37 796.00	本期贷方发生额	37 796.00

表 5-57　营业外收入

(113)	59 000.00	(40)	500.00
		(70)	58 500.00
本期借方发生额	59 000.00	本期贷方发生额	59 000.00

表 5-58　营业外支出

(16)	1 000.00	(113)	231 700.00
(30)	500.00		
(52)	20 000.00		
(69)	210 000.00		
(78)	200.00		
本期借方发生额	231 700.00	本期贷方发生额	231 700.00

表 5-59　所得税费用

(112)	3 562.50	(112)	61 436.00
(112)	65 439.81	(113)	7 566.31
本期借方发生额	69 002.31	本期贷方发生额	69 002.31

表5－60　生产成本

(11)	50 000.00	(103)	594 379.92
(28)	61 945.71	(103)	473 494.81
(45)	1 000.00		
(46)	63 000.00		
(60)	77 467.43		
(77)	108 616.72		
(79)	76 000.00		
(99)	115 140.00		
(102)	41 210.06		
(11)	28 000.00		
(28)	48 945.71		
(45)	1 000.00		
(46)	63 000.00		
(60)	49 172.00		
(77)	72 649.24		
(79)	76 000.00		
(99)	84 360.00		
(102)	50 367.86		
本期借方发生额	1 067 874.73	本期贷方发生额	1 067 874.73

表5－61　制造费用

(29)	3 000.00	(102)	91 577.92
(44)	4 440.00		
(54)	4 000.00		
(56)	100.00		
(91)	10 150.00		
(94)	12 200.00		
(98)	18 927.92		
(99)	38 760.00		
本期借方发生额	91 577.92	本期贷方发生额	91 577.92
期末余额	0		

四、会计报表

为与相关会计报表和会计报表附注衔接，本资产负债表（见表5－62）项目的年初数采用12月1日的期初数。利润表（见表5－63）和现金流量表（见表5－64）未提供1～11月份相关业务资料，只编制12月份报表。所有者权益变动表见表5－65。

1. 资产负债表

表 5-62 资产负债表

会企 01 表

编制单位：成都兰光机床有限责任公司 2018 年 12 月 31 日 单位：元

资产	行次	期末余额	年初余额	负债和所有者权益（或股东权益）	行次	期末余额	年初余额
流动资产：	1			流动负债：	35		
货币资金	2	516 631.00	2 893 000.00	短期借款	36	500 000.00	2 020 000.00
交易性金融资产	3	64 250.00		交易性金融负债	37		
应收票据	4	696 250.00	1 000 000.00	应付票据	38	32 175.00	
应收账款	5	515 736.00	376 000.00	应付账款	39	437 256.00	500 000.00
预付账款	6	50 000.00	50 000.00	预收账款	40		
应收股利	7			应付职工薪酬	41	484 505.00	497 000.00
应收利息	8			应交税费	42	267 711.78	902 400.00
其他应收款	9	92 800.00	68 000.00	应付利息	43		45 000.00
存货	10	1 999 979.12	2 424 200.00	应付股利	44		
其中：消耗性生物资产	11			其他应付款	45		
一年内到期的非流动资产	12			预计负债	46	210 000.00	
其他流动资产	13			一年内到期的非流动负债	47		
流动资产合计	14	3 935 646.12	6 811 200.00	其他流动负债	48		
非流动资产：	15			流动负债合计	49	1 931 647.78	3 964 400.00
可供出售金融资产	16			非流动负债：	50		
持有至到期投资	17			长期借款	51	1 650 000.00	1 500 000.00
投资性房地产	18			应付债券	52		
长期股权投资	19	250 000.00	250 000.00	长期应付款	53	1 000 000.00	
长期应收款	20	250 000.00		专项应付款	54		
固定资产	21	5 316 193.75	4 317 500.00	递延所得税负债	55	3 562.50	
在建工程	22	2 700 000.00	1 350 000.00	其他非流动负债（未确认融资费用）	56	-93 400.00	
工程物资	23			非流动负债合计	57	2 560 162.50	1 500 000.00
固定资产清理	24			负债合计	58	4 491 810.28	5 464 400.00
生产性生物资产	25			所有者权益（或股东权益）：	59		
油气资产	26			实收资本（或股本）	60	5 500 000.00	5 000 000.00
无形资产	27	110 833.33	272 000.00	资本公积	61	1 267 300.00	1 267 300.00
开发支出	28			盈余公积	62	796 549.89	750 000.00
商誉	29			未分配利润	63	518 449.03	519 000.00
长摊待摊费用	30			减：库存股	64		
递延所得税资产	31	61 436.00		所有者权益（或股东权益）合计	65	8 082 298.92	7 536 300.00
其他非流动资产（未实现融资收益）	32	-50 000.00			66		
非流动资产合计	33	8 638 463.08	6 189 500.00		67		
资产总计	34	12 574 109.20	13 000 700.00	负债和所有者（或股东权益）合计	68	12 574 109.20	13 000 700.00

注：期初未分配利润 = 期初余额 + 11 月份净利润

期末未分配利润 - 期初未分配利润 + 提取盈余公积 = 利润表中净利润

2. 利润表

表 5－63 利润表

会企 02 表

编制单位：成都兰光机床有限责任公司 2018 年 12 月 单位：元

项 目	行次	本月金额	本年累计
一、营业收入	1	1 591 000.00	19 191 000.00
减：营业成本	2	1 070 808.80	12 483 308.80
税金及附加	3	20 044.97	108 044.97
销售费用	4	76 243.33	3 385 092.50
管理费用	5	225 009.67	2 361 327.17
财务费用（收益以“－”号填列）	6	－11 370.00	83 630.00
资产减值损失	7	35 744.00	35 744.00
加：公允价值变动净收益（净损失以“－”号填列）	8	14 250.00	14 250.00
投资净收益（净损失以“－”号填列）	9	37 496.00	37 496.00
二、营业利润（亏损以“－”号填列）	10	226 265.23	785 598.56
加：营业外收入	11	59 000.00	59 000.00
减：营业外支出	12	231 700.00	231 700.00
其中：非流动资产处置净损失（净收益以“－”号填列）	13		
三、利润总额（亏损总额以“－”号填列）	14	53 565.23	612 898.56
减：所得税	15	7 566.31	147 399.64
四、净利润（净亏损以“－”号填列）	16	45 998.92	465 498.92
五、其他综合收益	17		
六、综合收益总额	18		
七、每股收益：	19		
（一）基本每股收益	20		
（二）稀释每股收益	21		

3. 现金流量表

表 5－64　现金流量表

会企 03 表

编制单位：成都兰光机床有限责任公司　2018 年 12 月　　单位：元

项 目	行次	本期金额	上期金额（略）
一、经营活动产生的现金流量：	1		
销售商品、提供劳务收到的现金	2	1 686 840.00	
收到的税费返还	3		
收到其他与经营活动有关的现金	4	1 300.00	
经营活动现金流入小计	5	1 688 140.00	
购买商品、接受劳务支付的现金	6	385 630.00	
支付给职工以及为职工支付的现金	7	421 500.00	
支付的各项税费	8	902 400.00	
支付其他与经营活动有关的现金	9	202 570.00	
经营活动现金流出小计	10	1 912 100.00	
经营活动产生的现金流量净额	11	－223 960.00	
二、投资活动产生的现金流量：	12		
收回投资收到的现金	13	50 000.00	
取得投资收益收到的现金	14	37 796.00	
处置固定资产、无形资产和其他长期资产收回的现金净额	15	232 500.00	
处置子公司及其他营业单位收到的现金净额	16		
收到其他与投资活动有关的现金	17		
投资活动现金流入小计	18	320 296.00	
购建固定资产、无形资产和其他长期资产支付的现金	19	1 320 855.00	
投资支付的现金	20	100 000.00	
取得子公司及其他营业单位支付的现金净额	21		
支付其他与投资活动有关的现金	22	300.00	
投资活动现金流出小计	23	1 421 155.00	
投资活动产生的现金流量净额	24	－1 100 859.00	
三、筹资活动产生的现金流量：	25		
吸收投资收到的现金	26	500 000.00	
取得借款收到的现金	27	500 000.00	
收到其他与筹资活动有关的现金	28		
筹资活动现金流入小计	29	1 000 000.00	
偿还债务支付的现金	30	2 020 000.00	
分配股利、利润或偿付利息支付的现金	31	31 550.00	
支付其他与筹资活动有关的现金	32		
筹资活动现金流出小计	33	2 051 550.00	
筹资活动产生的现金流量净额	34	－1 051 550.00	
四、汇率变动对现金的影响	35		
五、现金及现金等价物净增加额	36	－2 376 369.00	
期初现金及现金等价物余额	37	2 893 000.00	
期末现金及现金等价物余额	38	516 631.00	

表5-64（续）

项 目	行次	本期金额	上期金额（略）
1. 将净利润调节为经营活动现金流量：	39		
净利润	40	45 998.92	
加：资产减值准备	41	35 744.00	
固定资产折旧、油气资产折耗、生产性生物资产折旧	42	25 761.25	
无形资产摊销	43	1 166.67	
长期待摊费用摊销	44		
处置固定资产、无形资产和其他长期资产的损失（收益以“-”号填列）	45	-59 000.00	
固定资产报废损失（收益以“-”号填列）	46		
公允价值变动损失（收益以“-”号填列）	47	-14 250.00	
财务费用（收益以“-”号填列）	48	-13 450.00	
投资损失（收益以“-”号填列）	49	-37 796.00	
递延所得税资产减少（增加以“-”号填列）	50	-61 436.00	
递延所得税负债增加（减少以“-”号填列）	51	3 562.50	
存货的减少（增加以“-”号填列）	52	424 220.88	
经营性应收项目的减少（增加以“-”号填列）	53	143 000.00	
经营性应付项目的增加（减少以“-”号填列）	54	-467 752.22	
分期收款销售收入		-200 000.00	
债务重组损失（利得以“-”号填列）		-19 800.00	
其他	55	-29 930.00	
经营活动产生的现金流量净额	58	-223 960.00	
2. 不涉及现金收支的重大投资和筹资活动：	57		
债务转为资本	58		
一年内到期的可转换公司债券	59		
融资租入固定资产	60		
3. 现金及现金等价物净变动情况：	61		
现金的期末余额	62	516 631.00	
减：现金的期初余额	63	2 893 000.00	
加：现金等价物的期末余额	64		
减：现金等价物的期初余额	65		
现金及现金等价物净增加额	66	-2 376 369.00	

4. 所有者权益变动表

表 5－65　所有者权益（股东权益）变动表

会企 04 表

编制单位：成都兰光机床有限责任公司　　2018 年度　　单位：元

项　目	行次	本年金额						上年金额（略）					
		实收资本（或股本）	资本公积	盈余公积	未分配利润	库存股（减项）	所有者权益合计	实收资本（或股本）	资本公积	盈余公积	未分配利润	库存股（减项）	所有者权益合计
一、上年年末余额	1	5 000 000.00	1 267 300.00	750 000.00	519 000.00		7 536 300.00						
1. 会计政策变更	2												
2. 前期差错更正	3												
二、本年年初余额	4	5 000 000.00	1 267 300.00	750 000.00	519 000.00		7 536 300.00						
三、本年增减变动金额（减少以“－”号填列）	5	500 000.00		46 549.89	－550.97		545 998.92						
（一）本年净利润	6				45 998.92		45 998.92						
（二）直接计入所有者权益的利得和损失	7												
1. 可供出售金融资产公允价值变动净额	8												
2. 现金流量套期工具公允价值变动净额	9												
3. 与计入所有者权益项目相关的所得税影响	10												
4. 其他	11												
小计	12												
（三）所有者投入资本	13												
1. 所有者本期投入资本	14	500 000.00					500 000.00						
2. 本年购回库存股	15												
3. 股份支付计入所有者权益的金额	16												
（四）本年利润分配	17												
1. 对所有者（或股东）的分配	18												
2. 提取盈余公积	19			46 549.89	－46 549.89								
（五）所有者权益内部结转	20												
1. 资本公积转增资本	21												
2. 盈余公积转增资本	22												
3. 盈余公积弥补亏损	23												
四、本年年末余额	24	5 500 000.00	1 267 300.00	796 549.89	518 449.03		8 082 298.92						

五、会计报表附注

由于无相关项目的年初数明细金额，故本会计报表附注中主要项目的期初数以12月的期初数为准。

成都兰光机床有限责任公司
财务报表附注

一、公司的基本情况

成都兰光机床有限责任公司成立于2009年1月，是由长江资产管理公司和黄河实业投资公司投资组建的有限责任公司。公司地址：成都市龙泉路118号，职工人数83人，法定代表人：刘峰。注册资本500万元。经营范围：主要生产销售机床；机电产品（不含汽车），金属材料（不含稀贵金属）。

二、财务报表的编制基础

本公司以持续经营为基础，根据实际发生的交易和事项，按照《企业会计准则——基本准则》和其他各项具体会计准则、应用指南及准则解释的规定进行确认和计量，在此基础上编制财务报表。

三、遵循企业会计准则的声明

本公司编制的财务报表符合《企业会计准则》的要求，真实、完整地反映了本公司的财务状况、经营成果和现金流量等有关信息。

四、公司采用的重要会计政策和会计估计

1. 会计年度

本公司会计年度自公历1月1日起至12月31日止。

2. 记账本位币

本公司的记账本位币为人民币。

3. 计量属性

本公司在对会计要素进行计量时，一般采用历史成本。在保证所确定的会计要素金额能够取得并可靠计量时，采用重置成本、可变现净值、现值、公允价值计量。

4. 现金及现金等价物的确定标准

本公司将持有的期限短、流动性强、易于转换为已知金额现金、价值变动风险很小的投资确认为现金等价物。

5. 外币业务核算方法

公司发生的外币业务，按业务发生时中国人民银行公布的市场汇价之中间价折合为人民币记账，同时登记外币金额。期末各外币账户余额按期末市场外汇牌价中间价进行调整，由此产生的汇率差异属于资本性支出的计入相关资产的价值，属于收益性支出的计入当期损益。期末以历史成本计量的外币非货币性项目，仍采用交易发生日的即期汇率折算，不改变其记账本位币金额。

6. 金融资产和金融负债的核算方法

管理层按照取得持有金融资产和承担金融负债的目的，将其划分为：以公允价值计量且其变动计入当期损益的金融资产或金融负债，包括交易性金融资产或金融负债；持有至到期投资；应收款项；可供出售金融资产；其他金融负债等。交易性金融资产以公允价值计量且其变动计入当期损益，可供出售金融资产以公允价值计量且其变动计入股东权益，应收款项及持有至到期投资以摊余成本计量。金融负债分为以公允价值计量且其变动计入当期损益的金融负债和以摊余成本计量的其他金融负债两类。

7. 坏账核算方法

（1）计提坏账准备的范围包括应收账款和其他应收款。公司的预付账款，如有确凿证据表明其不符合预付账款性质，或者因供货单位破产、撤销等原因已无望再收到所购货物的，将原计入预付账款转入其他应收款，并按规定计提坏账准备。公司持有的未到期应收票据，如有确凿证据证明不能够收回或收回的可能性不大时，将其账面余额转入应收账款，并计提相应的坏账准备。

（2）坏账的确认标准：

①因债务人破产或死亡，以其破产财产或遗产清偿后，仍不能收回的应收款项；

②因债务人资不抵债、现金流量严重不足，或发生严重的自然灾害等导致停产而于短时间内无法偿付债务的，或有其他确凿证据证明应收款项可能发生损失的；以上确实不能收回的应收款项，根据公司的管理权限，经股东大会或董事会批准后作为坏账损失。

（3）坏账核算的方法：备抵法。

（4）坏账准备的计提方法：应收账款余额百分比法。

8. 存货核算方法

（1）存货的分类：公司存货分为原材料、包装物、低值易耗品、在途材料、产成品等。

（2）存货的计价：各种存货均按取得时的实际成本记账；发出时采用加权平均法计价，原材料采用移动加权平均法计价；低值易耗品、包装物在领用时按一次摊销法摊销。

（3）存货跌价准备：公司期末存货按成本与可变现净值孰低的原则对存货按单项计提存货跌价准备，同时计入当期损益。当存在下列情况之一时，应当计提存货跌价准备：

①市价持续下跌，并且在可预见的未来无回升的希望；

②公司使用该项原材料生产的产品的成本大于产品的销售价格；

③公司因产品更新换代，原有库存原材料已不适应新产品的需要，而该原材料的市场价格又低于其账面成本；

④因公司所提供的产品过时或消费者偏好改变而使市场的需求发生变化，导致市场价格逐渐下跌；

⑤其他足以证明该项存货实质上已发生减值的情形。

（4）存货的盘存制度：永续盘存制。

9. 投资性房地产的核算方法

公司将为赚取租金或资本增值，或两者兼有而持有的房地产确认为投资性房地产，包括已出租的土地使用权、持有并准备增值后转让的土地使用权、已出租的建筑物。公司对投资性房地产按成本进行初始计量，在资产负债表日采用成本模式进行后续计量。如有确凿证据表明本公司相关投资性房地产的公允价值能够持续可靠取得时，则对该等投资性房地产采用公允价值模式进行后续计量。

10. 固定资产计价、折旧方法和减值准备的计提方法

（1）固定资产的确认。固定资产是指为生产商品、提供劳务、出租或经营管理而持有的，使用年限超过一年，单位价值较高的有形资产。与该固定资产有关的经济利益很可能流入企业，以及该固定资产的成本能够可靠地计量时予以确认。

（2）固定资产计价。固定资产以取得时的实际成本进行计量。

（3）固定资产的折旧方法。固定资产折旧采用直线法（年限平均法）进行核算，按固定资产类别预计使用年限确定折旧率，无预计残值率。固定资产的折旧情况见表5－66。

表 5-66　固定资产的折旧情况

类　别	折旧年限/年	年折旧率/%
房屋及建筑物	20	5
生产设备	12	8.33
运输设备	10	10
办公设备	5	20

（4）固定资产减值准备。期末按单项固定资产账面价值与可收回金额孰低计量，按可收回金额低于账面价值的差额计提减值准备。

11. 在建工程核算方法

在建工程采用成本法核算。在固定资产达到可使用状态前发生的工程借款利息和有关费用计入在建工程。交付使用但尚未办理竣工决算先估价入固定资产，待完工验收并办理好竣工决算时正式转为固定资产。

对在建工程长期停建，并且预计在3年内不会重新开工的；所建项目无论在性能上，还是在技术上已经落后，并且给企业带来的经济利益具有很大的不确定性，在期末计提在建工程减值准备。

12. 无形资产的计价及摊销方法

（1）无形资产计价方法。外购无形资产的成本，包括价款、相关税费以及直接归属于使该项资产达到预定用途所发生的其他支出；投资者投入无形资产的成本，按照投资合用或协议约定的价值确定，但合同或协议约定价值不公允的除外；企业内部研究开发的无形资产，在研究阶段发生的支出计入当期损益，在开发阶段发生的支出满足条件的作为无形资产入账。

（2）无形资产的摊销期限和摊销方法。取得无形资产时合理确定其使用寿命，使用寿命有限的无形资产在使用寿命内采用直线法摊销；使用寿命不确定的无形资产在持有期间不进行摊销，但在资产负债表日进行减值测试。

13. 资产减值准备

（1）资产负债表日公司判断长期股权投资、固定资产、在建工程、无形资产等资产存在可能发生减值的迹象时，对资产进行减值测试，当资产的可收回金额低于其账面价值时确认资产减值损失。公司一般以单项资产为基础估计可收回金额。确实难以对单项资产的可收回金额进行估计时，公司以该资产所属的资产组为基础确认资产组的可收回金额。

资产组的认定，是以资产组产生的主要现金流入是否独立于其他资产或者资产组的现金流入为依据。

（2）资产减值损失的确定。

资产存在减值迹象的，其可收回金额根据资产的公允价值减去处置费用后的净额与资产预计未来现金流量的现值两者之间的较高者确定。可收回金额的计量结果表明，资产的可收回金额低于其账面价值的，将资产的账面价值减记至可收回金额，减记的金额确认为资产减值损失，计入当期损益，同时计提相应的资产减值准备。资产减值损失一经确认，在以后的会计期间不得转回。

14. 长期投资核算方法

（1）长期股权投资的初始计量。

①同一控制下企业合并形成的长期股权投资，按合并日取得被合并方所有者权益账面价值的份额作为初始投资成本。长期股权投资的初始投资成本与支付的现金、转让的非现金资产以及所承担债务账面价值或发行的权益性证券面值总额的差额，调整资本公积。如资本公积不够冲减的，不足部

分调整留存收益。为进行合并发生的各项费用如审计、评估、法律服务费用等，于发生时计入当期损益；为进行合并发行的债券或承担其他债务支付的手续费、佣金等，计入所发行债券及其他债务的初始计量金额；合并中发行权益性证券发生的手续费、佣金等费用，抵减权益性证券溢价收入，溢价收入不足冲减的，冲减留存收益。

②非同一控制下的企业合并取得的长期股权投资，按照确定的合并成本作为长期股权投资的初始投资成本。合并成本为购买日为取得被购买方的控制权而付出的资产、发生或承担的负债以及发行的权益性证券的公允价值。合并成本大于合并中取得的被购买方可辨认净资产公允价值份额的差额，在合并报表中确认为商誉；合并成本小于合并中取得的被购买方可辨认净资产公允价值份额的差额，计入当期损益。为进行企业合并发生的各项直接相关费用计入企业合并成本。

③除上述通过企业合并取得的长期股权投资以外，通过支付现金、付出的非货币性资产或发行的权益性证券方式取得的长期股权投资，以其公允价值作为长期股权投资的初始投资成本。

（2）长期股权投资的后续计量：

①对子公司的投资，采用成本法核算。

②对合营企业或联营企业的投资，采用权益法核算。

③不存在控制、共同控制或重大影响的长期股权投资，在活跃市场中没有报价、公允价值不能可靠计量的长期股权投资，采用成本法核算；在活跃市场中有报价或公允价值能够可靠计量的长期股权投资，在可供出售金融资产项目列报，采用公允价值计量，其公允价值变动计入股东权益。

15. 借款费用的会计处理方法

（1）借款费用资本化的确认原则。

借款费用包括借款利息、折价或者溢价的摊销、辅助费用以及因外币借款而发生的汇兑差额等，可直接归属于固定资产购建和经过一年以上（含一年）的建造或者生产过程，才能达到预定可销售状态的存货、投资性房地产等资产的借款费用，予以资本化。其他借款费用发生时，计入当期损益。

借款费用同时满足下列条件方可开始资本化：资产支出已经发生、借款费用已经发生、为使资产达到预定可使用或者可销售状态所必需的购建或者生产活动已经开始。

（2）借款费用资本化的期间。

从满足资本化开始条件到所购建或生产的资产达到预定可使用状态或者可销售状态期间发生的借款费用计入相关资产成本；当购建或者生产过程中发生非正常中断且中断时间连续超过三个月的，暂停借款费用的资本化；当购建或生产的资产达到了预定可使用或者可销售状态，借款费用停止资本化。

（3）资本化金额的确定方法。

为购建或者生产符合资本化条件的资产而专门借款的，以专门借款当期实际发生的借款费用，减去将尚未动用的借款资金存入银行取得的利息收入或进行暂时性投资取得的投资收益后的金额确定。为购建或生产符合资本化条件的资产而占用的一般借款，根据累计资产支出超出专门借款部分的资产支出加权平均数乘以所占用一般借款的加权平均利率计算确定。

专门借款发生的辅助费用，在所购建或者生产的符合资本化条件的资产达到预定可使用或者可销售状态之前发生的，应当在发生时根据其发生额予以资本化。在所购建或者生产的符合资本化条件的资产达到预定可使用或者可销售状态之后发生的，计入当期损益。

16. 收入确认原则

（1）销售商品的收入，在同时满足下列条件时予以确认：

①公司已将商品所有权上的主要风险和报酬转移给购货方；

②公司既没有保留通常与所有权相联系的继续管理权，也没有对已售出的商品实施有效控制；

③与交易相关的经济利益能够流入企业；

④相关的已发生或将发生的成本能够可靠地计量。

房地产销售收入确认的具体条件：工程已经竣工并经有关部门验收合格；签订了销售合同，并履行了合同规定的义务；取得了销售价款或确信可以取得；成本能够可靠地计量。

（2）提供劳务的收入，在同时满足下列条件时予以确认：

①收入的金额能够可靠地计量；

②与交易相关的经济利益能够流入企业；

③劳务的完工进度能够可靠地确定；

④相关的已发生和将发生的成本能够可靠地计量。

（3）让渡资产使用权的收入，在同时满足下列条件时予以确认：

①与交易相关的经济利益很可能流入企业；

② 收入的金额能够可靠地计量。

17. 所得税的会计处理方法

本公司所得税采用资产负债表债务法核算。

以很可能取得用来抵扣可抵扣暂时性差异的应纳税所得额为限，确认由可抵扣暂时性差异产生的递延所得税资产。对已确认的所得税资产，当预计未来期间很可能无法获得足够的应纳税所得额用以抵扣所得税资产时，减记递延所得税资产的账面价值。在很可能获得足够的应纳税所得额时，减记的金额应当转回。

五、会计政策变更、会计估计变更以及重大前期差错更正的说明

1. 报告期会计政策变更

本报告期内，本公司未发生重大会计政策的变更。

2. 报告期会计估计变更

本报告期内，本公司未发生会计估计变更事项。

3. 重大差错更正

本报告期内，本公司未发生重大会计差错更正事项。

六、税项

本公司主要适用的税种和税率如表 5－67 所示。

表 5－67　适用的税种和税率

税　种	计税依据	税率/%
增值税	应税货物	17
城市维护建设税	流转税额	7
教育费附加	流转税额	3
地方教育费附加	流转税额	1
企业所得税	应纳税所得额	25

七、财务报表主要项目注释（附表中的上年期末数为本年 12 月的期初数）

1. 货币资金

（1）货币资金类别见表 5－68。

表 5-68 货币资金类别

项目	2018-12-31	2017-12-31
现金	10 082.00	20 000.00
银行存款	391 053.00	2 800 000.00
其他货币资金	115 496.00	73 000.00
合计	516 631.00	2 893 000.00

（2）截至 2018 年 12 月 31 日，本公司不存在抵押、冻结及或有潜在收回风险的款项。

2. 应收票据

（1）项目明细（见表 5-69）。

表 5-69 项目明细

种类	2018-12-31	2017-12-31
银行承兑汇票	550 000.00	800 000.00
商业承兑汇票	146 250.00	200 000.00
合计	696 250.00	1 000 000.00

（2）期末本公司无抵押及应收持公司 5% 以上（含 5%）股份的股东单位票据。

3. 应收账款

（1）应收账款类别见表 5-70。

表 5-70 应收账款类别

账龄	2018-12-31			2017-12-31		
	金额	比例	坏账准备	金额	比例	坏账准备
1 年以内（不含 1 年）	542 880.00	100%	27 144.00	400 000.00	100%	24 000.00
1~2 年（不含 2 年）						
2~3 年						
3 年以上						
合计	542 880.00	100%	27 144.00	400 000.00	100%	24 000.00

（2）期末应收账款中欠款金额前三名公司情况见表 5-71。

表 5-71 前三名公司情况

欠款单位	欠款金额	账龄	比例/%
1. 南江机床经销公司	210 600.00	1 年以内	38.79
2. 北京机电公司	187 200.00	1 年以内	34.48
3. 上海机床经营公司	145 080.00	1 年以内	26.72
小计	542 880.00		100.00

(3) 截至 2018 年 12 月 31 日，应收账款余额中无持有本公司 5%（含 5%）以上表决权股份的股东单位欠款。

4. 存货

存货表见表 5 - 72。

表 5 - 72　存货表

项目	2018 - 12 - 31		2017 - 12 - 31	
	金额	跌价准备	金额	跌价准备
库存商品	1 199 065. 93		1 200 000. 00	
原材料	467 453. 19		500 000. 00	
包装物	16 000. 00		20 000. 00	
低值易耗品	17 460. 00		11 200. 00	
外购半成品	259 800. 00		500 000. 00	
在途材料	60 000. 00		210 000. 00	
合计	2 019 779. 12	19 800. 00	2 441 200. 00	17 000. 00

存货用于质押、担保的账面价值：0 元。

5. 长期股权投资

长期股权投资表见表 5 - 73。

表 5 - 73　长期股权投资表

被投资单位名称	2017 - 12 - 31	本期增加	本期减少	2018 - 12 - 31
红光实业	250 000. 00			250 000. 00
合计	250 000. 00			250 000. 00

6. 固定资产

(1) 固定资产及其累计折旧明细项目和增减变动情况见表 5 - 74 至表 5 - 76。

表 5 - 74　原值表

(1) 原值	2017 - 12 - 31	本期增加	本期减少	2018 - 12 - 31
房屋及建筑物	3 600 000. 00			3 600 000. 00
生产设备	1 000 000. 00	1 027 455. 00		2 027 455. 00
运输设备	300 000. 00		60 000. 00	240 000. 00
电子及办公设备	100 000. 00			100 000. 00
合计	5 000 000. 00	1 027 455. 00	60 000. 00	5 967 455. 00

表 5-75 累计折旧表

（2）累计折旧	期初数	本期增加	本期减少	期末数
房屋及建筑物				
生产设备				
运输设备				
电子及办公设备				
合计	632 500.00	25 761.25	58 000.00	600 261.25

表 5-76 减值准备表

（3）减值准备	2017-12-31	本期增加	本期减少	2018-12-31
房屋及建筑物				
生产设备	50 000.00	1 000.00		51 000.00
运输设备				
电子及办公设备				
合计	50 000.00	1 000.00		51 000.00
固定资产账面价值	4 317 500.00	1 000 693.75	2 000.00	5 316 193.75

（2）期末固定资产无对外抵押或担保情况。

（3）期末无融资租赁租入的固定资产。

7. 在建工程

（1）在建工程构成表见表 5-77。

表 5-77 在建工程构成

工程项目名称	2017-12-31	本期增加	本期减少		2018-12-31
			转固定资产	其他减少	
试验大楼	1 350 000.00	1 350 000.00			2 700 000.00
非生产经营用设备		120 855.00	120 855.00		
合 计	1 350 000.00	1 470 855.00	120 855.00		2 700 000.00

（2）期末在建工程不存在需要计提减值准备的情况。

（3）期末在建工程不存在用于对外抵押或担保情况。

8. 无形资产

（1）无形资产构成表见表 5-78。

表 5-78　无形资产构成表

项目	2017-12-31	本期增加	本期减少	2018-12-31
（1）无形资产原价	340 000.00		200 000.00	140 000.00
专利权	200 000.00		200 000.00	
商标权	140 000.00			140 000.00
（2）累计摊销	68 000.00	1 166.67	40 000.00	29 166.67
专利权	40 000.00		40 000.00	
商标权	28 000.00	1 166.67		29 166.67
（3）账面价值	272 000.00			110 833.33

（2）无形资产不存在需要计提减值准备的情况。

9. 短期借款

短期借款表见表 5-79。

表 5-79　短期借款表

借款类别	2018-12-31	2017-12-31
担保借款	500 000.00	2 020 000.00
合 计	500 000.00	2 020 000.00

10. 应付账款

（1）按账龄列示的应付账款见表 5-80。

表 5-80　应付账款

账龄	2018-12-31	比例/%	2017-12-31	比例/%
一年以内	347 256.00	79	220 000.00	44
1~2 年	90 000.00	21	280 000.00	56
2~3 年				
3 年以上				
合计	437 256.00	100	500 000.00	100

（2）前三名单位的应付账款余额见表 5-81：

表 5-81　应付账款金额

单位名称	金额	账龄	比例/%
1. 新光钢铁厂	204 750.00	1 年以内	46.83
2. 江西铜业公司	131 040.00	1 年以内	29.97
3. 四川电动机厂	51 466.00	1~2 年 4 万，其余 1 年内	11.77
小计	387 256.00		88.57

（3）截至2018年12月31日，应付账款余额中无应付持有本公司5%（含5%）以上表决权股份的股东单位款项。

11. 应付职工薪酬

应付职工薪酬见表5－82。

表5－82　应付职工薪酬

项目	2017－12－31	本期增加	本期减少	2018－12－31
工资、奖金、津贴	250 000. 00	267 000. 00	250 000. 00	267 000. 00
福利费	17 000. 00	37 380. 00	17 000. 00	37 380. 00
住房公积金	70 000. 00	21 360. 00	70 000. 00	21 360. 00
社保基金	80 000. 00	73 425. 00	80 000. 00	73 425. 00
个人所得税	50 000. 00			50 000. 00
工会经费	30 000. 00	5 340. 00		35 340. 00
辞退薪酬		4 500. 00	4 500. 00	
合计	497 000. 00	409 005. 00	421 500. 00	484 505. 00

12. 应交税费

应交税费见表5－83。

表5－83　应交税费

税种	计缴标准/%	2018－12－31	2017－12－31
增值税	17	170 727. 00	600 000. 00
增值税（转让无形资产）	5	11 500. 00	
企业所得税	25	65 439. 81	230 000. 00
城建税	7	12 755. 89	68 400. 00
教育费附加	4	7 289. 08	4 000. 00
合计		267 711. 78	902 400. 00

13. 预计负债

预计负债见表5－84。

表5－84　预计负债

项目	2018－12－31	2017－12－31
未决诉讼预计负债	210 000. 00	
合计	210 000. 00	

14. 长期借款

长期借款见表5－85。

表5－85 长期借款

贷款单位	年利率	借款条件	2018－12－31	2017－12－31
建行西南路分理处（两年期）	10%	抵押	1 500 000.00	1 500 000.00
资本化利息			150 000.00	
合计			1 650 000.00	1 500 000.00

15. 长期应付款

长期应付款见表5－86。

表5－86 长期应付款

项目	2018－12－31	2017－12－31
应付设备款	1 000 000.00	
合计	1 000 000.00	

16. 实收资本

实收资本见表5－87。

表5－87 实收资本

投资者	2017－12－31	本期增减变动	2018－12－31
长江资产管理公司	4 000 000.00		4 000 000.00
黄河实业投资公司	1 000 000.00	500 000.00	1 500 000.00
合计	5 000 000.00	500 000.00	5 500 000.00

17. 资本公积

资本公积见表5－88。

表5－88 资本公积

明细项目内容	2017－12－31	本期增加	本期减少	2018－12－31
其他资本公积	1 267 300.00			1 267 300.00
合计	1 267 300.00			1 267 300.00

18. 盈余公积

盈余公积见表5－89。

表 5－89　盈余公积

明细项目内容	2017－12－31	本期增加	本期减少	2018－12－31
法定盈余公积	750 000.00	46 549.89		796 549.89
合计	750 000.00	46 549.89		796 549.89

19. 未分配利润

（1）未分配利润构成（见表 5－90）。

表 5－90　未分配利润构成

项 目	2018－12－31	2017－12－31（略）
一、调整前期初未分配利润	99 500.00	
调整期初未分配利润（调增＋，调减－）		
二、调整后年初未分配利润	99 500.00	
本年净利润	465 498.92	
直接计入所有者权益的利得和损失		
三、可供分配利润	564 998.92	
减：提取法定盈余公积	46 549.89	
四、可供股东分配利润	518 449.03	
减：应付优先股股利		
提取任意盈余公积		
应付普通股股利		
转作股本的普通股股利		
五、未分配利润	518 449.03	

20. 营业收入及营业成本

（1）营业收入及营业成本构成（见表 5－91）。

表 5－91　营业收入及营业成本构成

项目	2018 年			2017 年（略）		
	主营业务	其他业务	小计	主营业务	其他业务	小计
营业收入	19 188 000.00	3 000.00	19 191 000.00			
营业成本	12 481 308.80	2 000.00	12 483 308.80			
营业利润	6 706 691.20	1 000.00	6 707 691.20			

（2）按产品类别，主营业务收入和主营业务成本见表5－92。

表5－92　主营业务收入和主营业务成本

项目	主营业务收入		主营业务成本	
	2018年	2017年	2018年	2017年
普通机床				
数控机床				
合计				

21. 税金及附加

税金及附加见表5－93。

表5－93　税金及附加

项目	计缴标准	2018年	2017年（略）
城建税	7%	68 755.89	
教育费附加	4%	39 289.08	
合计		108 044.97	

22. 财务费用

财务费用见表5－94。

表5－94　财务费用

项目	2018年（按12月发生数填列）	2017年（略）
利息支出	－13 450.00	
减：利息收入	800.00	
手续费	380.00	
贴现利息	2 500.00	
合计	－11 370.00	

23. 资产减值损失

资产减值损失见表5－95。

表5－95　资产减值损失

项目	2018年	2017年（略）
坏账损失	31 944.00	
存货减值损失	2 800.00	
长期股权投资减值损失		
固定资产减值损失	1 000.00	
合计	35 744.00	

24. 营业外收入

营业外收入见表 5 - 96。

表 5 - 96　营业外收入

项目	2018 年	2017 年（略）
非流动资产处置利得合计	59 000.00	
其中：固定资产处置利得	500.00	
合计	59 000.00	

25. 营业外支出

营业外支出见表 5 - 97。

表 5 - 97　营业外支出

项目	2018 年	2017 年（略）
非流动资产处置损失合计		
其中：固定资产处置损失		
公益性捐赠支出	20 000.00	
赔偿金	210 000.00	
非常损失	1 500.00	
其他	200.00	
合计	231 700.00	

26. 收到的其他与经营活动有关的现金

收到的其他与经营活动有关的现金见表 5 - 98。

表 5 - 98　收到的其他与经营活动有关的现金

项目	2018 年（按 12 月发生数填列）	2017 年（略）
利息收入	800.00	
其他营业外收入		
其他单位往来	500.00	
合计	1 300.00	

27. 支付的其他与经营活动有关的现金

支付的其他与经营活动有关的现金见表 5 - 99。

表 5 - 99　支付的其他与经营活动有关的现金

项目	2018 年（按 12 月发生数填列）	2017 年（略）
营业费用	45 100.00	

表5-99(续)

项目	2018年（按12月发生数填列）	2017年（略）
管理费用	98 732.50	
手续费	380.00	
其他营业外支出	21 500.00	
其他单位往来	5 050.00	
制造费用	31 807.50	
合计	202 570.00	

28. 现金流量

货币资金期末余额：516 631.00元

货币资金期初余额：2 893 000.00元

货币资金净增加额：-2 376 369.00元

其中：经营活动产生的现金流量净额：-223 960.00元

投资活动产生的现金流量净额：-1 100 859.00元

筹资活动产生的现金流量净额：-1 051 550.00元

29. 或有事项

（1）已贴现商业承兑汇票形成的或有负债：无。

（2）未决诉讼、仲裁形成的或有负债：210 000.00。

（3）为其他单位提供债务担保形成的或有负债：无。

30. 承诺事项

公司报表期内无任何承诺事项。

31. 资产负债表日后事项：无

32. 债务重组事项：无

33. 其他重要事项：无

成都兰光机床有限责任公司

2019年1月30日

六、12 月末公司对账单及银行余额调节表

12 月末公司对账单及银行余额调节表见表 5－100 到表 5－102。

表 5－100 中国工商银行

对 账 单

户名：成都兰光机床有限责任公司　　账号：40586123768

2018 年 月	日	摘要	凭证 种类	凭证 号码	借方	贷方	余额
12	1	上月余额					（贷）2 400 000.00
12	1	签发银行汇			25 000.00		2 375 000.00
12	1	转账到证券资金户	转支	1001	150 000.00		2 225 000.00
12	1	付货款	转支	1002	150 000.00		2 075 000.00
12	4	汇票进账	汇票			196 560.00	2 271 560.00
12	5	取现	现支	20522	15 000.00		2 256 560.00
12	5	贷款进账				500 000.00	2 756 560.00
12	6	税收罚款			1 000.00		2 755 560.00
12	6	交税	税		672 400.00		2 083 160.00
12	6	交税	税		230 000.00		1 853 160.00
12	6	转账付款	转支	1003	12 000.00		1 841 160.00
12	6	工本费			80.00		1 841 080.00
12	7	转账付款	转支	1004	32 760.00		1 808 320.00
12	7	转账到款				200 070.00	2 008 390.00
12	7	电汇付款			190 000.00		1 818 390.00
12	8	委托收款				200 000.00	2 018 390.00
12	9	转账付款	转支	1005	3 000.00		2 015 390.00
12	10	转账付款	转支	1006	1 800.00		2 013 590.00
12	11	承兑汇票到期进账				200 000.00	2 213 590.00
12	11	信汇到款				100 000.00	2 313 590.00
12	12	支付工资	转支	1007	267 000.00		2 046 590.00
12	13	托收付款			80 000.00		1 966 590.00
12	13	托收付款			70 000.00		1 896 590.00
12	14	收货款				5 000.00	1 901 590.00
12	15	转账付款	转支	1010	12 870.00		1 888 720.00
12	15	转账付款	转支	1011	5 850.00		1 882 870.00
12	16	转账付款	转支	1012	6 800.00		1 876 070.00
12	16	托收承付				117 500.00	1 993 570.00
12	17	收款				20 000.00	2 013 570.00
12	17	转账付款	转支	1013	20 000.00		1 993 570.00
12	17	收款				3 510.00	1 997 080.00
12	17	转账付款	转支	1014	10 000.00		1 987 080.00
12	18	转账付款	转支	1015	23 000.00		1 964 080.00
12	18	承兑汇票到期进账				300 000.00	2 264 080.00
12	18	转账付款	转支	1016	117 000.00		2 147 080.00
12	19	转账付款	转支	1017	39 000.00		2 108 080.00
12	20	转账付款	转支	1018	3 855.00		2 104 225.00
12	20	汇票进账		1019		500 000.00	2 604 225.00
12	21	信汇进账				230 000.00	2 834 225.00
12	22	内部划款	转支		1 000 000.00		1 834 225.00
12	22	电汇进账				66 200.00	1 900 425.00
12	23	票据贴现进账				197 500.00	2 097 925.00
12	23	电汇进账				101 000.00	2 198 925.00
12	24	还贷及付息			2 050 300.00		148 625.00
12	24	付息			1 250.00		147 375.00
12	25	手续费		1020	300.00		147 075.00
12	25	收利息				500.00	147 575.00
12	27	转账付款	转支		10 000.00		137 575.00
12	29	托收付款			13 572.00		124 003.00
12	29	托收付款			13 250.00		110 753.00
12	31	信汇进账				187 200.00	297 953.00
12	31	账户费			200.00		297 753.00

表 5－101

银行存款余额调节表

开户银行：工商银行滨江路分理处　　2011 年 12 月 31 日

账号：40586123768

项目	金额	项目	金额
企业银行存款日记账账面余额	190 753.00	银行对账单企业存款余额	297 753.00
加：银行已收、企业未收	187 200.00	加：企业已收、银行未收	100 000.00
12/31 信汇进账	187 200.00	①12/26 87#收货款	100 000.00
减：银行已付、企业未付	200.00	减：企业已付、银行未付	20 000.00
12/31 账户费	200.00	①12/27 89#付产品运输费	20 000.00
调节后的存款余额	377 753.00	调节后的存款余额	377 753.00

表 5－102

中国建设银行

对账单

户名：成都兰光机床有限责任公司　　账号：22113790478　　第 1 页

2018 年		摘　要	凭　证		借方	贷方	余额
月	日		种类	号码			
12	1						400 000.00
12	5	转账付款	转支	002010	200 000.00		200 000.00
12	22	转账收款				100 000.00	1 200 000.00
12	22	转账付款	转支	002011	1 000 000.00		200 000.00
12	25	收利息				300.00	200 300.00

注：本账户月末无未达账。

七、纳税申报表

相关纳税申报表见表 5－103 至表 5－106。

1. 成都市地方各税(费、基金)缴纳申报表

纳税管理码																
地税登记码	5	1	4	0	9	3	8	6	2	3	8	7	6	5	2	

表 5－103 成都市地方各税(费、基金)缴纳申报表

申报日期: 2019 年 1 月 10 日　　　　单位:元(角、分)

纳税人(扣缴义务人)名称(盖章)			成都兰光机床有限责任公司			地 址	成都市龙泉路 118 号			电 话	8400608
税种 (费、基金)	科目 (计征对象)	所属时期	计税(征) 总额	税率 (征收率)	本期应 纳税额	本期经批准的 缓缴额	本期经批准的 减(免)税	本期实际 入库额	本期 欠缴额	本期末累计经 批准的缓缴额	本期末累 计欠缴额
1	2	3	4	5	6＝4×5	7	8	9＝6－7－8	10＝6－9	11	12
城建税		2018/12	182 227.00	7%	12 755.89						
教育费附加		2018/12	182 227.00	3%	5 466.81						
地方教育附加		2018/12	182 227.00	1%	1 822.27						
合 计					20 044.97						
我声明:此纳税申报资料是根据中华人民共和国有关税收法律、法规及规定填报的,我确信它是真实的、可靠的、完整的 法人代表(负责人)签章______ 时间:______							代理申报人(签章)				
							代理机构电话				
会计主管(签章)				办税人员(签章)			代理机构(盖章)			时间:______	
税务机关受理人(签章)					受理时间:						

注:1. 纳税申报是指纳税人按照税法规定的期限和内容向税务机关提交有关纳税事项书面报告的法律行为,是纳税人履行纳税义务、承担法律责任的主要依据。除企业所税(年度申报)、个人独资企业和合伙企业投资者个人所得税(季度申报)、合伙企业投资者个人所得税汇总申报表(年度申报)、个体工商户核定征收户、补缴欠缴的税(费、基金)以外,均使用此申报表;补缴欠缴税款(费、基金)须使用“成都市欠缴地主各税(费、基金)补缴申报表”;

2. “经批准缓缴额”“经批准减(免)额”申报时应附上批文复印件;申报个人所得税时,应附“代扣代缴个人所得税月份报告”;

3. 纳税人必须按照税收法律法规及有关规定,按期、全面、真实、准确地填写本表一式两份进行申报,一份交主管税务机关,一份自行妥善保存 10 年,以备核查;

4. 申报受理人员应按照规定认真进行审核,未填列主要项目、未按规定签名册章的不予受理。

2. 增值税纳税申报表

表 5－104　增值税纳税申报表

（适用于增值税一般纳税人）

根据《中华人民共和国增值税暂行条例》第二十二条和第二十三条的规定制定本表。纳税人不论有无销售额，均应按主管生产的税务机关核定的纳税期限按期填报本表，并于次月一日起十五日内，向当地税务机关申报。

税款所属时间：自 2018 年 12 月 1 日至 2018 年 12 月 31 日　　填表日期：2019 年 1 月 10 日　　　金额单位：元到角分

纳税人识别号	5	1	4	0	9	3	8	6	2	3	8	7	6	5	2	所属行业：

纳税人名称	成都兰光机床有限责任公司	法定代表人姓名	刘峰	注册地址	成都市龙泉路118号	营业地址	成都市龙泉路118号
开户银行及账号		企业登记注册类型	有限责任公司		电话号码	8400608	

	项目	栏次	一般货物及劳务		即征即退货物及劳务	
			本月数	本年累计	本月数	本年累计
销售额	（一）按适用税率征税货物及劳务	1	1 591 000.00			
	其中：应税货物销售额	2	1 591 000.00			
	应税劳务销售额（转让无形资产）	3	230 000.00			
	纳税检查调整的销售额	4				
	（二）按简易征收办法征税货物销售额	5				
	其中：纳税检查调整的销售额	6				
	（三）免、抵、退办法出口货物销售额	7				
	（四）免税货物及劳务销售额	8				
	其中：免税货物销售额	9				
	免税劳务销售额	10				
		11				
税款计算	销项税额	11	247 970.00			
	进项税额	12	65 743.00			
	上期留抵税额	13				
	进项税额转出	14				
	免抵退货物应退税额	15				
	按适用税率计算的纳税检查应补缴税额	16				
	应抵扣税额合计	17 = 12 + 13 − 14 − 15 + 16	65 743.00			
	实际抵扣税额	18（如 17 < 11，则为 17，否则为 11）	65 743.00			
	应纳税额	19 = 11 − 18	182 227.00			
	期末留抵税额	20 = 17 − 18				
	简易征收办法计算的应纳税额	21				
	按简易征收办法计算的纳税检查应补缴税额	22				
	应纳税额减征额	23				
	应纳税额合计	24 = 19 + 21 − 23	182 227.00			
税款缴纳	期初未缴税额（多缴为负数）	25				
	实收出口开具专用缴款书退税额	26				
	本期已缴税额	27 = 28 + 29 + 30 + 31				
	①分次预缴税额	28				
	②出口开具专用缴款书预缴税额	29				
	③本期缴纳上期应纳税额	30				
	④本期缴纳欠缴税额	31				
	期末未缴税额（多缴为负数）	32 = 24 + 25 + 26 − 27	182 227.00			
	其中：欠缴税额（≥0）	33 = 25 + 26 − 27				
	本期应补退税额	34 = 24 − 28 − 29				
	即征即退实际退税额	35				
	期初未缴查补税额	36				
	本期入库查补税额	37				
	期末未缴查补税额	38 = 16 + 22 + 36 − 37				

授权声明	如果你已委托代理人申报，请填写下列资料： 为代理一切税务事宜，现授权 （地址）　　　　　　为本纳税人的代理申报人，任何与本申报表有关的往来文件，都可寄予此人。 授权人签字	申报人声明	此纳税申报表是根据《中华人民共和国增值税暂行条例》的规定填报的，我相信它是真实的、可靠的、完整的。 声明人签字：

以下由税务机关填写：

收到日期：　　　　　　　　　　接收人：　　　　　　　　　　主管税务机关盖章：

3. 中华人民共和国企业所得税年度纳税申报表

表 5 - 105　中华人民共和国企业所得税年度纳税申报表（A 类）

税款所属期间：2018 年 1 月 1 日至 2018 年 12 月 31 日

纳税人名称：成都兰光机床有限责任公司

纳税人识别号：514093862387652　　　　单位：元

类别	行次	项目	金额
利润总额计算	1	一、营业收入	19 191 000.00
	2	减：营业成本	12 483 308.80
	3	税金及附加	108 044.97
	4	销售费用	3 385 092.50
	5	管理费用	2 361 327.17
	6	财务费用	83 630.00
	7	资产减值损失	35 744.00
	8	加：公允价值变动收益	14 250.00
	9	投资收益	37 496.00
	10	二、营业利润	785 598.56
	11	加：营业外收入	59 000.00
	12	减：营业外支出	231 700.00
	13	三、利润总额	612 898.56
应纳税所得额计算	14	加：纳税调整增加额	251 244.00
	15	减：纳税调整减少额	43 050.00
	16	其中：不征税收入	
	17	免税收入	
	18	减计收入	
	19	加：境外应税所得弥补境内亏损	
	20	纳税调整后所得	821 092.56
	21	减：弥补以前年度亏损	
	22	应纳税所得额	821 092.56
应纳税额计算	23	税率	25%
	24	应纳所得税额	205 273.14
	25	减：减免所得税额	
	26	减：抵免所得税额	
	27	应纳税额	205 273.14
	28	加：境外所得应纳所得税额	
	29	减：境外所得抵免所得税额	
	30	实际应纳所得税额	205 273.14
纳税人公章： 经办人： 申报日期：　年　月　日			主管税务机关受理专用章： 受理人： 受理日期：　年　月　日

4. 纳税调整项目明细表（见表5－106）

表5－106　纳税调整项目明细表

行次	项目	账载金额	税收金额	调增金额	调减金额
1	一、收入类调整项目				
2	1. 视同销售收入				
3	2. 接受捐赠收入				
4	3. 未按权责发生制确认的收入				
5	4. 公允价值变动净收益	14 250.00			14 250.00
6	5. 不征税收入				
7	6. 免税收入				
8	7. 减计收入				
9	8. 其他				
10	二、扣除项目调整				
11	1. 视同销售成本				
12	2. 工资薪金支出				
13	3. 职工福利费支出				
14	4. 职工教育经费支出				
15	5. 工会经费支出				
16	6. 业务招待费支出	10 000.00	6 000.00	4 000.00	
17	7. 广告费和业务宣传费支出	12 000.00	229 650.00		
18	8. 捐赠支出	20 000.00	46 823.59		
19	9. 利息支出				
20	10. 住房公积金				
21	11. 罚金、罚款和被没收财物的损失	1 500.00		1 500.00	
22	12. 税收滞纳金				
23	13. 赞助支出				
24	14. 补充养老保险、补充医疗保险				
25	15. 与取得收入无关的支出	210 000.00		210 000.00	
26	16. 不征税收入用于支出所形成的费用				
27	17. 加计扣除				
28	18. 其他				
29	三、资产类调整项目				
30	1. 财产损失（坏账损失）		28 800.00		28 800.00
31	2. 固定资产折旧				
32	3. 长期待摊费用的摊销				
33	4. 投资转让、处置所得				
34	5. 其他				
35	四、准备金调整项目	35 744.00		35 744.00	
36	五、房地产企业预售收入计算的预计利润				
37	六、特别纳税调整应税所得				
38	七、其他				
39	合计			251 244.00	43 050.00

附 录

一、企业会计准则应用指南——会计科目一览表（见表1）

表1 会计科目一览表

顺序号	编号	会计科目名称
一、资产类		
1	1001	库存现金
2	1002	银行存款
3	1003	存放中央银行款项（银行专用 新增）
4	1011	存放同业（银行专用 新增）
5	1012	其他货币资金
6	1021	结算备付金（证券专用 新增）
7	1031	存出保证金（金融共用 新增）
8	1101	交易性金融资产
9	1111	买入返售金融资产
10	1121	应收票据
11	1122	应收账款
12	1123	预付账款
13	1131	应收股利
14	1132	应收利息
15	1201	应收代位追偿款（保险专用 新增）
16	1211	应收分保账款（保险专用 新增）
17	1212	应收分保合同准备金
18	1221	其他应收款
19	1231	坏账准备
20	1301	贴现资产（银行专用 新增）
21	1302	拆出资金
22	1303	贷款（银行和保险共用 新增）
23	1304	贷款损失准备（银行和保险共用 新增）
24	1311	代理兑付证券（银行和证券共用 新增）
25	1321	代理业务资产

表1(续)

顺序号	编号	会计科目名称
26	1401	材料采购
27	1402	在途物资
28	1403	原材料
29	1404	材料成本差异
30	1405	库存商品
31	1406	发出商品
32	1407	商品进销差价
33	1408	委托加工物资
34	1411	周转材料
35	1421	消耗性生物资产
36	1431	贵金属
37	1441	抵债资产（金融共用 新增）
38	1451	损余物资（保险专用 新增）
39	1461	融资租赁资产（租赁专用 新增）
40	1471	存货跌价准备
41	1501	持有至到期投资
42	1502	持有至到期投资减值准备
43	1503	可供出售金融资产
44	1511	长期股权投资
45	1512	长期股权投资减值准备
46	1521	投资性房地产
47	1531	长期应收款
48	1532	未实现融资收益
49	1541	存出资本保证金
50	1601	固定资产
51	1602	累计折旧
52	1603	固定资产减值准备
53	1604	在建工程
54	1605	工程物资
55	1606	固定资产清理
56	1611	未担保余值（租赁专用 新增）
57	1621	生产性生物资产（农业专用 新增）
58	1622	生产性生物资产累计折旧（农业专用 新增）
59	1623	公益性生物资产（农业专用 新增）
60	1631	油气资产（石油天然气开采专用 新增）

表1(续)

顺序号	编号	会计科目名称
61	1632	累计折耗（石油天然气开采专用 新增）
62	1701	无形资产
63	1702	累计摊销
64	1703	无形资产减值准备
65	1711	商誉
66	1801	长期待摊费用
67	1811	递延所得税资产
68	1821	独立账户资产（保险专用 新增）
69	1901	待处理财产损溢
		二、负债类
70	2001	短期借款
71	2002	存入保证金（金融共用 新增）
72	2003	拆入资金（金融共用 新增）
73	2004	向中央银行借款（银行专用 新增）
74	2011	吸收存款（银行专用 新增）
75	2012	同业存放（银行专用 新增）
76	2021	贴现负债（银行专用 新增）
77	2101	交易性金融负债
78	2111	卖出回购金融资产款（金融共用 新增）
79	2201	应付票据
80	2202	应付账款
81	2203	预收账款
82	2211	应付职工薪酬
83	2221	应交税费
84	2231	应付利息
85	2232	应付股利
86	2241	其他应付款
87	2251	应付保单红利（保险专用 新增）
88	2261	应付分保账款（保险专用 新增）
89	2311	代理买卖证券款（证券专用 新增）
90	2312	代理承销证券款（证券和银行共用 新增）
91	2313	代理兑付证券款（证券和银行共用 新增）
92	2314	代理业务负债
93	2401	递延收益
94	2501	长期借款

表1（续）

顺序号	编号	会计科目名称
95	2502	应付债券
96	2601	未到期责任准备金（保险专用 新增）
97	2602	保险责任准备金（保险专用 新增）
98	2611	保户储金（保险专用 新增）
99	2621	独立账户负债（保险专用 新增）
100	2701	长期应付款
101	2702	未确认融资费用
102	2711	专项应付款
103	2801	预计负债
104	2901	递延所得税负债
		三、共同类
105	3001	清算资金往来（银行专用 新增）
106	3002	货币兑换（金融共用 新增）
107	3101	衍生工具
108	3201	套期工具
109	3202	被套期项目
		四、所有者权益类
110	4001	实收资本
111	4002	资本公积
112	4101	盈余公积
113	4102	一般风险准备（金融共用 新增）
114	4103	本年利润
115	4104	利润分配
116	4201	库存股
		五、成本类
117	5001	生产成本
118	5101	制造费用
119	5201	劳务成本
120	5301	研发支出
121	5401	工程施工（建造承包商专用 新增）
122	5402	工程结算（建造承包商专用 新增）
123	5403	机械作业（建造承包商专用 新增）
		六、损益类
124	6001	主营业务收入
125	6011	利息收入（金融共用 新增）

表1(续)

顺序号	编号	会计科目名称
126	6021	手续费及佣金收入（金融共用 新增）
127	6031	保费收入（保险专用 新增）
128	6041	租赁收入（租赁专用 新增）
129	6051	其他业务收入
130	6061	汇兑损益（金融专用 新增）
131	6101	公允价值变动损益
132	6111	投资收益
133	6201	摊回保险责任准备金（保险专用 新增）
134	6202	摊回赔付支出（保险专用 新增）
135	6203	摊回分保费用（保险专用 新增）
136	6301	营业外收入
137	6401	主营业务成本
138	6402	其他业务成本
139	6403	税金及附加
140	6411	利息支出（金融共用 新增）
141	6421	手续费及佣金支出（金融共用 新增）
142	6501	提取未到期责任准备金（保险专用 新增）
143	6502	提取保险责任准备金（保险专用 新增）
144	6511	赔付支出（保险专用 新增）
145	6521	保单红利支出（保险专用 新增）
146	6531	退保金（保险专用 新增）
147	6541	分出保费（保险专用 新增）
148	6542	分保费用（保险专用 新增）
149	6601	销售费用
150	6602	管理费用
151	6603	财务费用
152	6604	勘探费用
153	6701	资产减值损失
154	6711	营业外支出
155	6801	所得税费用
156	6901	以前年度损益调整

二、记账凭证汇总表（见表2）

表2　记账凭证汇总表

（　　）汇字第　　号

20　年　　月　　日　　　　凭证自　　号至　　号

会计科目	√	借方金额											√	贷方金额										
		亿	千	百	十	万	千	百	十	元	角	分		亿	千	百	十	万	千	百	十	元	角	分

会计主管　　　　　　　记账　　　　　　　复核　　　　　　　制表

三、会计报表（2018 年版）

1. 一般企业财务报表

以下企业财务报表适用于尚未执行新金融准则和新收入准则的企业，资产负债表见表3，利润表见表4，现金流量表见表5，所有者权益变动表见表6。

表3 资产负债表

会企01表

编制单位：　　　　　　　　　　____年____月____日　　　　　　　　　　单位：元

资产	期末余额	年初余额	负债和所有者权益（或股东权益）	期末余额	年初余额
流动资产：			流动负债：		
货币资金			短期借款		
以公允价值计量且其变动计入当期损益的金融资产			以公允价值计量且其变动计入当期损益的金融负债		
衍生金融资产			衍生金融负债		
应收票据及应收账款			应付票据及应付账款		
预付款项			预收款项		
其他应收款			应付职工薪酬		
存货			应交税费		
持有待售资产			其他应付款		
一年内到期的非流动资产			持有待售负债		
其他流动资产			一年内到期的非流动负债		
流动资产合计			其他流动负债		
非流动资产：			流动负债合计		
可供出售金融资产			非流动负债：		
持有至到期投资			长期借款		
长期应收款			应付债券		
长期股权投资			其中：优先股		
投资性房地产			永续债		
固定资产			长期应付款		
在建工程			预计负债		
生产性生物资产			递延收益		
油气资产			递延所得税负债		
无形资产			其他非流动负债		

表3(续)

资产	期末余额	年初余额	负债和所有者权益（或股东权益）	期末余额	年初余额
开发支出			非流动负债合计		
商誉			负债合计		
长期待摊费用			所有者权益（或股东权益）：		
递延所得税资产			实收资本（或股本）		
其他非流动资产			其他权益工具		
非流动资产合计			其中：优先股		
			永续债		
			资本公积		
			减：库存股		
			其他综合收益		
			盈余公积		
			未分配利润		
			所有者权益（或股东权益）合计		
资产总计			负债和所有者权益（或股东权益）总计		

修订新增项目说明：

(1)“应收票据及应收账款”行项目，反映资产负债表日以摊余成本计量的、企业因销售商品、提供服务等经营活动应收取的款项，以及收到的商业汇票，包括银行承兑汇票和商业承兑汇票。该项目应根据“应收票据”和“应收账款”科目的期末余额，减去“坏账准备”科目中相关坏账准备期末余额后的金额填列。

(2)“其他应收款”行项目，应根据“应收利息”“应收股利”和“其他应收款”科目的期末余额合计数，减去“坏账准备”科目中相关坏账准备期末余额后的金额填列。

(3)“持有待售资产”行项目，反映资产负债表日划分为持有待售类别的非流动资产及划分为持有待售类别的处置组中的流动资产和非流动资产的期末账面价值。该项目应根据“持有待售资产”科目的期末余额，减去“持有待售资产减值准备”科目的期末余额后的金额填列。

(4)“固定资产”行项目，反映资产负债表日企业固定资产的期末账面价值和企业尚未清理完毕的固定资产清理净损益。该项目应根据“固定资产”科目的期末余额，减去“累计折旧”和“固定资产减值准备”科目的期末余额后的金额，以及“固定资产清理”科目的期末余额填列。

(5)“在建工程”行项目，反映资产负债表日企业尚未达到预定可使用状态的在建工程的期末账面价值和企业为在建工程准备的各种物资的期末账面价值。该项目应根据“在建工程”科目的期末余额，减去“在建工程减值准备”科目的期末余额后的金额，以及“工程物资”科目的期末余额，减去“工程物资减值准备”科目的期末余额后的金额填列。

（6）“应付票据及应付账款”行项目，反映资产负债表日企业因购买材料、商品和接受服务等经营活动应支付的款项，以及开出、承兑的商业汇票，包括银行承兑汇票和商业承兑汇票。该项目应根据“应付票据”科目的期末余额，以及“应付账款”和“预付账款”科目所属的相关明细科目的期末贷方余额合计数填列。

（7）“其他应付款”行项目，应根据“应付利息”“应付股利”和“其他应付款”科目的期末余额合计数填列。

（8）“持有待售负债”行项目，反映资产负债表日处置组中与划分为持有待售类别的资产直接相关的负债的期末账面价值。该项目应根据“持有待售负债”科目的期末余额填列。

（9）“长期应付款”行项目，反映资产负债表日企业除长期借款和应付债券以外的其他各种长期应付款项的期末账面价值。该项目应根据“长期应付款”科目的期末余额，减去相关的“未确认融资费用”科目的期末余额后的金额，以及“专项应付款”科目的期末余额填列。

表4　利润表

会企02表

编制单位：　　　　　　　　　____年____月　　　　　　　　　单位：元

项目	本期金额	上期金额
一、营业收入		
减：营业成本		
税金及附加		
销售费用		
管理费用		
研发费用		
财务费用		
其中：利息费用		
利息收入		
资产减值损失		
加：其他收益		
投资收益（损失以“－”号填列）		
其中：对联营企业和合营企业的投资收益		
公允价值变动收益（损失以“－”号填列）		

表4(续)

项目	本期金额	上期金额
资产处置收益（损失以“-”号填列）		
二、营业利润（亏损以“-”号填列）		
加：营业外收入		
减：营业外支出		
三、利润总额（亏损总额以“-”号填列）		
减：所得税费用		
四、净利润（净亏损以“-”号填列）		
（一）持续经营净利润（净亏损以“-”号填列）		
（二）终止经营净利润（净亏损以“-”号填列）		
五、其他综合收益的税后净额		
（一）不能重分类进损益的其他综合收益		
1. 重新计量设定受益计划变动额		
2. 权益法下不能转损益的其他综合收益		
……		
（二）将重分类进损益的其他综合收益		
1. 权益法下可转损益的其他综合收益		
2. 可供出售金融资产公允价值变动损益		
3. 持有至到期投资重分类为可供出售金融资产损益		
4. 现金流量套期损益的有效部分		
5. 外币财务报表折算差额		
……		
六、综合收益总额		
七、每股收益：		
（一）基本每股收益		
（二）稀释每股收益		

修订新增项目说明：

(1)“研发费用”行项目，反映企业进行研究与开发过程中发生的费用化支出。该项目应根据“管理费用”科目下的“研发费用”明细科目的发生额分析填列。

(2)“其中：利息费用”行项目，反映企业为筹集生产经营所需资金等而发生的应予费用化的利息支出。该项目应根据“财务费用”科目的相关明细科目的发生额分析填列。

(3)“利息收入”行项目，反映企业确认的利息收入。该项目应根据“财务费用”科目的相关明细科目的发生额分析填列。

(4)“其他收益”行项目，反映计入其他收益的政府补助等。该项目应根据“其他收益”科目的发生额分析填列。

(5)“资产处置收益”行项目，反映企业出售划分为持有待售的非流动资产（金融工具、长期股权投资和投资性房地产除外）或处置组（子公司和业务除外）时确认的处置利得或损失，以及处置未划分为持有待售的固定资产、在建工程、生产性生物资产及无形资产而产生的处置利得或损失。债务重组中因处置非流动资产产生的利得或损失和非货币性资产交换中换出非流动资产产生的利得或损失也包括在本项目内。该项目应根据“资产处置损益”科目的发生额分析填列；如为处置损失，以“-”号填列。

(6)“营业外收入”行项目，反映企业发生的除营业利润以外的收益，主要包括债务重组利得、与企业日常活动无关的政府补助、盘盈利得、捐赠利得（企业接受股东或股东的子公司直接或间接的捐赠，经济实质属于股东对企业的资本性投入的除外）等。该项目应根据“营业外收入”科目的发生额分析填列。

(7)“营业外支出”行项目，反映企业发生的除营业利润以外的支出，主要包括债务重组损失、公益性捐赠支出、非常损失、盘亏损失、非流动资产毁损报废损失等。该项目应根据“营业外支出”科目的发生额分析填列。

(8)“（一）持续经营净利润”和“（二）终止经营净利润”行项目，分别反映净利润中与持续经营相关的净利润和与终止经营相关的净利润；如为净亏损，以“-”号填列。该两个项目应按照《企业会计准则第42号——持有待售的非流动资产、处置组和终止经营》的相关规定分别列报。

表5 现金流量表

会企03表

编制单位：　　　　　　　　____年____月　　　　　　　　单位：元

项目	本期金额	上期金额
一、经营活动产生的现金流量：		
销售商品、提供劳务收到的现金		
收到的税费返还		
收到其他与经营活动有关的现金		
经营活动现金流入小计		
购买商品、接受劳务支付的现金		
支付给职工以及为职工支付的现金		
支付的各项税费		
支付其他与经营活动有关的现金		
经营活动现金流出小计		

表5(续)

项目	本期金额	上期金额
经营活动产生的现金流量净额		
二、投资活动产生的现金流量:		
收回投资收到的现金		
取得投资收益收到的现金		
处置固定资产、无形资产和其他长期资产收回的现金净额		
处置子公司及其他营业单位收到的现金净额		
收到其他与投资活动有关的现金		
投资活动现金流入小计		
购建固定资产、无形资产和其他长期资产支付的现金		
投资支付的现金		
取得子公司及其他营业单位支付的现金净额		
支付其他与投资活动有关的现金		
投资活动现金流出小计		
投资活动产生的现金流量净额		
三、筹资活动产生的现金流量:		
吸收投资收到的现金		
取得借款收到的现金		
收到其他与筹资活动有关的现金		
筹资活动现金流入小计		
偿还债务支付的现金		
分配股利、利润或偿付利息支付的现金		
支付其他与筹资活动有关的现金		
筹资活动现金流出小计		
筹资活动产生的现金流量净额		
四、汇率变动对现金及现金等价物的影响		
五、现金及现金等价物净增加额		
加:期初现金及现金等价物余额		
六、期末现金及现金等价物余额		

表 6　所有者权益变动表

会企 04 表

编制单位：　　　　　　　　　　　　____年度　　　　　　　　　　　　单位：元

项目	本年金额											上年金额										
	实收资本（或股本）	其他权益工具			资本公积	减：库存股	其他综合收益	盈余公积	未分配利润	所有者权益合计		实收资本（或股本）	其他权益工具			资本公积	减：库存股	其他综合收益	盈余公积	未分配利润	所有者权益合计	
		优先股	永续债	其他									优先股	永续债	其他							
一、上年年末余额																						
加：会计政策变更																						
前期差错更正																						
其他																						
二、本年年初余额																						
三、本年增减变动金额（减少以“－”号填列）																						
（一）综合收益总额																						
（二）所有者投入和减少资本																						
1. 所有者投入的普通股																						
2. 其他权益工具持有者投入资本																						
3. 股份支付计入所有者权益的金额																						
4. 其他																						
（三）利润分配																						
1. 提取盈余公积																						
2. 对所有者（或股东）的分配																						
3. 其他																						
（四）所有者权益内部结转																						
1. 资本公积转增资本（或股本）																						
2. 盈余公积转增资本（或股本）																						
3. 盈余公积弥补亏损																						
4. 设定受益计划变动额结转留存收益																						
5. 其他																						
四、本年年末余额																						

以下企业财务报表适用于已执行新金融准则或新收入准则的企业，资产负债表见表7，利润表见表8，现金流量表见表9，所有者权益变动表见表10。

表7　资产负债表

会企01表

编制单位：　　　　　　　　　　____年____月____日　　　　　　　　　　单位：元

资产	期末余额	年初余额	负债和所有者权益（或股东权益）	期末余额	年初余额
流动资产：			流动负债：		
货币资金			短期借款		
交易性金融资产			交易性金融负债		
衍生金融资产			衍生金融负债		
应收票据及应收账款			应付票据及应付账款		
预付款项			预收款项		
其他应收款			合同负债		
存货			应付职工薪酬		
合同资产			应交税费		
持有待售资产			其他应付款		
一年内到期的非流动资产			持有待售负债		
其他流动资产			一年内到期的非流动负债		
流动资产合计			其他流动负债		
非流动资产：			流动负债合计		
债权投资			非流动负债：		
其他债权投资			长期借款		
长期应收款			应付债券		
长期股权投资			其中：优先股		
其他权益工具投资			永续债		
其他非流动金融资产			长期应付款		
投资性房地产			预计负债		
固定资产			递延收益		
在建工程			递延所得税负债		
生产性生物资产			其他非流动负债		
油气资产			非流动负债合计		
无形资产			负债合计		

表7(续)

资产	期末余额	年初余额	负债和所有者权益（或股东权益）	期末余额	年初余额
开发支出			所有者权益（或股东权益）：		
商誉			实收资本（或股本）		
长期待摊费用			其他权益工具		
递延所得税资产			其中：优先股		
其他非流动资产			永续债		
非流动资产合计			资本公积		
			减：库存股		
			其他综合收益		
			盈余公积		
			未分配利润		
			所有者权益（或股东权益）合计		
资产总计			负债和所有者权益（或股东权益）总计		

修订新增项目说明：

(1)“交易性金融资产”行项目，反映资产负债表日企业分类为以公允价值计量且其变动计入当期损益的金融资产，以及企业持有的直接指定为以公允价值计量且其变动计入当期损益的金融资产的期末账面价值。该项目应根据“交易性金融资产”科目的相关明细科目期末余额分析填列。自资产负债表日起超过一年到期且预期持有超过一年的以公允价值计量且其变动计入当期损益的非流动金融资产的期末账面价值，在“其他非流动金融资产”行项目反映。

(2)“债权投资”行项目，反映资产负债表日企业以摊余成本计量的长期债权投资的期末账面价值。该项目应根据“债权投资”科目的相关明细科目期末余额，减去“债权投资减值准备”科目中相关减值准备的期末余额后的金额分析填列。自资产负债表日起一年内到期的长期债权投资的期末账面价值，在“一年内到期的非流动资产”行项目反映。企业购入的以摊余成本计量的一年内到期的债权投资的期末账面价值，在“其他流动资产”行项目反映。

(3)“其他债权投资”行项目，反映资产负债表日企业分类为以公允价值计量且其变动计入其他综合收益的长期债权投资的期末账面价值。该项目应根据“其他债权投资”科目的相关明细科目期末余额分析填列。自资产负债表日起一年内到期的长期债权投资的期末账面价值，在“一年内到期的非流动资产”行项目反映。企业购入的以公允价值计量且其变动计入其他综合收益的一年内到期的债权投资的期末账面价值，在“其他流动资产”行项目反映。

(4)“其他权益工具投资”行项目，反映资产负债表日企业指定为以公允价值计量且其变动计入其他综合收益的非交易性权益工具投资的期末账面价值。该项目应根据“其他权益工具投资”科目的期末余额填列。

(5)“交易性金融负债”行项目，反映资产负债表日企业承担的交易性金融负债，以及企业持有的直接指定为以公允价值计量且其变动计入当期损益的金融负债的期末账面价值。该项目应根据“交易性金融负债”科目的相关明细科目期末余额填列。

(6)“合同资产”和“合同负债”行项目。企业应按照《企业会计准则第 14 号——收入》(2017 年修订)的相关规定根据本企业履行履约义务与客户付款之间的关系在资产负债表中列示合同资产或合同负债。“合同资产”项目、“合同负债”项目，应分别根据“合同资产”科目、“合同负债”科目的相关明细科目期末余额分析填列，同一合同下的合同资产和合同负债应当以净额列示，其中净额为借方余额的，应当根据其流动性在“合同资产”或“其他非流动资产”项目中填列，已计提减值准备的，还应减去“合同资产减值准备”科目中相关的期末余额后的金额填列；其中净额为贷方余额的，应当根据其流动性在“合同负债”或“其他非流动负债”项目中填列。

(7)按照《企业会计准则第 14 号——收入》(2017 年修订)的相关规定确认为资产的合同取得成本，应当根据“合同取得成本”科目的明细科目初始确认时摊销期限是否超过一年或一个正常营业周期，在“其他流动资产”或“其他非流动资产”项目中填列，已计提减值准备的，还应减去“合同取得成本减值准备”科目中相关的期末余额后的金额填列。

(8)按照《企业会计准则第 14 号——收入》(2017 年修订)的相关规定确认为资产的合同履约成本，应当根据“合同履约成本”科目的明细科目初始确认时摊销期限是否超过一年或一个正常营业周期，在“存货”或“其他非流动资产”项目中填列，已计提减值准备的，还应减去“合同履约成本减值准备”科目中相关的期末余额后的金额填列。

(9)按照《企业会计准则第 14 号——收入》(2017 年修订)的相关规定确认为资产的应收退货成本，应当根据“应收退货成本”科目是否在一年或一个正常营业周期内出售，在“其他流动资产”或“其他非流动资产”项目中填列。

(10)按照《企业会计准则第 14 号——收入》(2017 年修订)的相关规定确认为预计负债的应付退货款，应当根据“预计负债”科目下的“应付退货款”明细科目是否在一年或一个正常营业周期内清偿，在“其他流动负债”或“预计负债”项目中填列。

表 8　利润表

会企 02 表

编制单位：　　　　　　____年____月　　　　　　单位：元

项目	本期金额	上期金额
一、营业收入		
减：营业成本		

表8（续）

项目	本期金额	上期金额
税金及附加		
销售费用		
管理费用		
研发费用		
财务费用		
其中：利息费用		
利息收入		
资产减值损失		
信用减值损失		
加：其他收益		
投资收益（损失以“－”号填列）		
其中：对联营企业和合营企业的投资收益		
净敞口套期收益（损失以“－”号填列）		
公允价值变动收益（损失以“－”号填列）		
资产处置收益（损失以“－”号填列）		
二、营业利润（亏损以“－”号填列）		
加：营业外收入		
减：营业外支出		
三、利润总额（亏损总额以“－”号填列）		
减：所得税费用		
四、净利润（净亏损以“－”号填列）		
（一）持续经营净利润（净亏损以“－”号填列）		
（二）终止经营净利润（净亏损以“－”号填列）		
五、其他综合收益的税后净额		
（一）不能重分类进损益的其他综合收益		
1. 重新计量设定受益计划变动额		
2. 权益法下不能转损益的其他综合收益		
3. 其他权益工具投资公允价值变动		
4. 企业自身信用风险公允价值变动		
……		
（二）将重分类进损益的其他综合收益		

表8(续)

项目	本期金额	上期金额
1. 权益法下可转损益的其他综合收益		
2. 其他债权投资公允价值变动		
3. 金融资产重分类计入其他综合收益的金额		
4. 其他债权投资信用减值准备		
5. 现金流量套期储备		
6. 外币财务报表折算差额		
……		
六、综合收益总额		
七、每股收益：		
（一）基本每股收益		
（二）稀释每股收益		

修订新增项目说明：

(1)“信用减值损失”行项目，反映企业按照《企业会计准则第22号——金融工具确认和计量》(2017年修订）的要求计提的各项金融工具减值准备所形成的预期信用损失。该项目应根据“信用减值损失”科目的发生额分析填列。

(2)“净敞口套期收益”行项目，反映净敞口套期下被套期项目累计公允价值变动转入当期损益的金额或现金流量套期储备转入当期损益的金额。该项目应根据“净敞口套期损益”科目的发生额分析填列；如为套期损失，以“-”号填列。

(3)“其他权益工具投资公允价值变动”行项目，反映企业指定为以公允价值计量且其变动计入其他综合收益的非交易性权益工具投资发生的公允价值变动。该项目应根据“其他综合收益”科目的相关明细科目的发生额分析填列。

(4)“企业自身信用风险公允价值变动”行项目，反映企业指定为以公允价值计量且其变动计入当期损益的金融负债，由企业自身信用风险变动引起的公允价值变动而计入其他综合收益的金额。该项目应根据“其他综合收益”科目的相关明细科目的发生额分析填列。

(5)“其他债权投资公允价值变动”行项目，反映企业分类为以公允价值计量且其变动计入其他综合收益的债权投资发生的公允价值变动。企业将一项以公允价值计量且其变动计入其他综合收益的金融资产重分类为以摊余成本计量的金融资产，或重分类为以公允价值计量且其变动计入当期损益的金融资产时，之前计入其他综合收益的累计利得或损失从其他综合收益中转出的金额作为该项目的减项。该项目应根据“其他综合收益”科目下的相关明细科目的发生额分析填列。

(6)“金融资产重分类计入其他综合收益的金额”行项目，反映企业将一项以摊余成本计量的金融资产重分类为以公允价值计量且其变动计入其他综合收益的金融资产时，计入其他综合收益的原账面价值与公允价值之间的差额。该项目应根据“其他综合收益”科目下的相关明细科目的发生额分析填列。

（7）“其他债权投资信用减值准备”行项目，反映企业按照《企业会计准则第 22 号——金融工具确认和计量》（2017 年修订）第十八条分类为以公允价值计量且其变动计入其他综合收益的金融资产的损失准备。该项目应根据“其他综合收益”科目下的“信用减值准备”明细科目的发生额分析填列。

（8）“现金流量套期储备”行项目，反映企业套期工具产生的利得或损失中属于套期有效的部分。该项目应根据“其他综合收益”科目下的“套期储备”明细科目的发生额分析填列。

表 9　现金流量表

会企 03 表

编制单位：　　　　　　　　____年____月　　　　　　　　单位：元

项目	本期金额	上期金额
一、经营活动产生的现金流量：		
销售商品、提供劳务收到的现金		
收到的税费返还		
收到其他与经营活动有关的现金		
经营活动现金流入小计		
购买商品、接受劳务支付的现金		
支付给职工以及为职工支付的现金		
支付的各项税费		
支付其他与经营活动有关的现金		
经营活动现金流出小计		
经营活动产生的现金流量净额		
二、投资活动产生的现金流量：		
收回投资收到的现金		
取得投资收益收到的现金		
处置固定资产、无形资产和其他长期资产收回的现金净额		
处置子公司及其他营业单位收到的现金净额		
收到其他与投资活动有关的现金		
投资活动现金流入小计		
购建固定资产、无形资产和其他长期资产支付的现金		
投资支付的现金		
取得子公司及其他营业单位支付的现金净额		

表9(续)

项目	本期金额	上期金额
支付其他与投资活动有关的现金		
投资活动现金流出小计		
投资活动产生的现金流量净额		
三、筹资活动产生的现金流量:		
吸收投资收到的现金		
取得借款收到的现金		
收到其他与筹资活动有关的现金		
筹资活动现金流入小计		
偿还债务支付的现金		
分配股利、利润或偿付利息支付的现金		
支付其他与筹资活动有关的现金		
筹资活动现金流出小计		
筹资活动产生的现金流量净额		
四、汇率变动对现金及现金等价物的影响		
五、现金及现金等价物净增加额		
加:期初现金及现金等价物余额		
六、期末现金及现金等价物余额		

表 10　所有者权益变动表

会企 04 表

编制单位：　　　　　　　　　　　　　　　　____年度　　　　　　　　　　　　　　　　单位：元

项目	本年金额												上年金额											
	实收资本（或股本）	其他权益工具			资本公积	减：库存股	其他综合收益	盈余公积	未分配利润	所有者权益合计			实收资本（或股本）	其他权益工具			资本公积	减：库存股	其他综合收益	盈余公积	未分配利润	所有者权益合计		
		优先股	永续债	其他										优先股	永续债	其他								
一、上年年末余额																								
加：会计政策变更																								
前期差错更正																								
其他																								
二、本年年初余额																								
三、本年增减变动金额（减少以“－”号填列）																								
（一）综合收益总额																								
（二）所有者投入和减少资本																								
1. 所有者投入的普通股																								
2. 其他权益工具持有者投入资本																								
3. 股份支付计入所有者权益的金额																								
4. 其他																								
（三）利润分配																								
1. 提取盈余公积																								
2. 对所有者（或股东）的分配																								
3. 其他																								
（四）所有者权益内部结转																								
1. 资本公积转增资本（或股本）																								

表10(续)

项目	本年金额												上年金额											
	实收资本（或股本）	其他权益工具			资本公积	减：库存股	其他综合收益	盈余公积	未分配利润	所有者权益合计			实收资本（或股本）	其他权益工具			资本公积	减：库存股	其他综合收益	盈余公积	未分配利润	所有者权益合计		
		优先股	永续债	其他										优先股	永续债	其他								
2. 盈余公积转增资本（或股本）																								
3. 盈余公积弥补亏损																								
4. 设定受益计划变动额结转留存收益																								
5. 其他综合收益结转留存收益																								
6. 其他																								
四、本年年末余额																								

修订新增项目说明：

“其他综合收益结转留存收益”行项目，主要反映：(1)企业指定为以公允价值计量且其变动计入其他综合收益的非交易性权益工具投资终止确认时，之前计入其他综合收益的累计利得或损失从其他综合收益中转入留存收益的金额；(2)企业指定为以公允价值计量且其变动计入当期损益的金融负债终止确认时，之前由企业自身信用风险变动引起而计入其他综合收益的累计利得或损失从其他综合收益中转入留存收益的金额等。该项目应根据“其他综合收益”科目的相关明细科目的发生额分析填列。

四、纳税申报表

相关纳税申报表见表 11 至表 14。

1. 地方各税(费、基金)缴纳申报表

纳税管理码							
地税登记码							

表 11　成都市地方各税(费、基金)缴纳申报表

申报日期:20　年　月　日　　　　单位:

纳税人(扣缴义务人)名称(盖章)						地 址				电 话	
税种(费、基金)	科目(计征对象)	所属时期	计税(征)总额	税率(征收率)	本期应纳税额	本期经批准的缓缴额	本期经批准的减(免)税	本期实际入库额	本期欠缴额	本期末累计经批准的缓缴额	本期末累计欠缴额
1	2	3	4	5	6 = 4 × 5	7	8	9 = 6 − 7 − 8	10 = 6 − 9	11	12
营业税											
城建税											
教育费附加											
地方教育附加											
合　计											
我声明:此纳税申报资料是根据中华人民共和国有关税收法律、法规及规定填报的,我确信它是真实的、可靠的、完整的 法人代表(负责人)签章________ 时间:______								代理申报人(签章)			
								代理机构电话			
会计主管(签章)				办税人员(签章)				代理机构(盖章)		时间:________	
税务机关受理人(签章)				受理时间:							

注:1. 纳税申报是指纳税人按照税法规定的期限和内容向税务机关提交有关纳税事项书面报告的法律行为,是纳税人履行纳税义务、承担法律责任的主要依据。除企业所得税(年度申报)、个人独资企业和合伙企业投资者个人所得税(季度申报)、合伙企业投资者个人所得税汇总申报表(年度申报)、个体工商户核定征收户、补缴欠缴的税(费、基金)以外,均使用此申报表;补缴欠缴税款(费、基金)须使用“成都市欠缴地主各税(费、基金)补缴申报表”;

2、“经批准缓缴额”“经批准减(免)额”申报时应附上批文复印件;申报个人所得税时,应附《代扣代缴个人所得税月份报告》;

3. 纳税人必须按照税收法律法规及有关规定,按期、全面、真实、准确地填写本表一式两份进行申报,一份交主管税务机关,一份自行妥善保存 10 年,以备核查;

4. 申报受理人员应按照规定认真进行审核,未填列主要项目、未按规定签名册章的不予受理。

2. 增值税纳税申报表

表 12　增值税纳税申报表

（适用于增值税一般纳税人）

根据《中华人民共和国增值税暂行条例》第二十二条和第二十三条的规定制定本表。纳税人不论有无销售额，均应按主管生产的税务机关核定的纳税期限按期填报本表，并于次月一日起十五日内，向当地税务机关申报。

税款所属时间：自 2011 年 12 月 1 日至 2011 年 12 月 31 日　填表日期：2012 年 1 月 10 日　金额单位：元至角分

纳税人识别号	5	1	4	0	9	3	8	6	2	3	8	7	6	5	2	所属行业：

纳税人名称	成都兰光机床有限责任公司	法定代表人姓名	刘峰	注册地址	成都市龙泉路118号	营业地址	成都市龙泉路118号
开户银行及账号		企业登记注册类型		有限责任公司		电话号码	8400608

	项目	栏次	一般货物及劳务		即征即退货物及劳务	
			本月数	本年累计	本月数	本年累计
销售额	（一）按适用税率征税货物及劳务	1	1 591 000.00			
	其中：应税货物销售额	2	1 591 000.00			
	应税劳务销售额	3				
	纳税检查调整的销售额	4				
	（二）按简易征收办法征税货物销售额	5				
	其中：纳税检查调整的销售额	6				
	（三）免、抵、退办法出口货物销售额	7				
	（四）免税货物及劳务销售额	8				
	其中：免税货物销售额	9				
	免税劳务销售额	10				
		11				
税款计算	销项税额	11	236 470.00			
	进项税额	12	65 743.00			
	上期留抵税额	13				
	进项税额转出	14				
	免抵退货物应退税额	15				
	按适用税率计算的纳税检查应补缴税额	16				
	应抵扣税额合计	17 = 12 + 13 − 14 − 15 + 16	65 743.00			
	实际抵扣税额	18（如 17 < 11，则为 17，否则为 11）	65 743.00			
	应纳税额	19 = 11 − 18	170 727.00			
	期末留抵税额	20 = 17 − 18				
	简易征收办法计算的应纳税额	21				
	按简易征收办法计算的纳税检查应补缴税额	22				
	应纳税额减征额	23				
	应纳税额合计	24 = 19 + 21 − 23	170 727.00			
税款缴纳	期初未缴税额（多缴为负数）	25				
	实收出口开具专用缴款书退税额	26				
	本期已缴税额	27 = 28 + 29 + 30 + 31				
	①分次预缴税额	28				
	②出口开具专用缴款书预缴税额	29				
	③本期缴纳上期应纳税额	30				
	④本期缴纳欠缴税额	31				
	期末未缴税额（多缴为负数）	32 = 24 + 25 + 26 − 27	170 727.00			
	其中：欠缴税额（≥0）	33 = 25 + 26 − 27				
	本期应补退税额	34 = 24 − 28 − 29				
	即征即退实际退税额	35				
	期初未缴查补税额	36				
	本期入库查补税额	37				
	期末未缴查补税额	38 = 16 + 22 + 36 − 37				

授权声明	如果你已委托代理人申报，请填写下列资料： 为代理一切税务事宜，现授权 （地址）　　　　为本纳税人的代理申报人，任何与本申报表有关的往来文件，都可寄予此人。 授权人签字	申报人声明	此纳税申报表是根据《中华人民共和国增值税暂行条例》的规定填报的，我相信它是真实的、可靠的、完整的。 声明人签字：

以下由税务机关填写：

收到日期：　　　　接收人：　　　　主管税务机关盖章：

3. 中华人民共和国企业所得税年度纳税申报表

表13 中华人民共和国企业所得税年度纳税申报表（A类）

税款所属期间：20　年　月　日至20　年　月　日

纳税人名称：

纳税人识别号：

单位：

类别	行次	项目	金额
利润总额计算	1	一、营业收入	
	2	减：营业成本	
	3	税金及附加	
	4	销售费用	
	5	管理费用	
	6	财务费用	
	7	资产减值损失	
	8	加：公允价值变动收益	
	9	投资收益	
	10	二、营业利润	
	11	加：营业外收入	
	12	减：营业外支出	
	13	三、利润总额	
应纳税所得额计算	14	加：纳税调整增加额	
	15	减：纳税调整减少额	
	16	其中：不征税收入	
	17	免税收入	
	18	减计收入	
	19	加：境外应税所得弥补境内亏损	
	20	纳税调整后所得	
	21	减：弥补以前年度亏损	
	22	应纳税所得额	
应纳税额计算	23	税率（25%）	
	24	应纳所得税额	
	25	减：减免所得税额	
	26	减：抵免所得税额	
	27	应纳税额	
	28	加：境外所得应纳所得税额	
	29	减：境外所得抵免所得税额	
	30	实际应纳所得税额	
纳税人公章： 经办人： 申报日期：　年　月　日			主管税务机关受理专用章： 受理人： 受理日期：　年　月　日

4. 纳税调整项目明细表

表 14　纳税调整项目明细表

行次	项目	账载金额	税收金额	调增金额	调减金额
1	一、收入类调整项目				
2	1. 视同销售收入				
3	2. 接受捐赠收入				
4	3. 未按权责发生制确认的收入				
5	4. 公允价值变动净收益				
6	5. 不征税收入				
7	6. 免税收入				
8	7. 减计收入				
9	8. 其他				
10	二、扣除项目调整				
11	1. 视同销售成本				
12	2. 工资薪金支出				
13	3. 职工福利费支出				
14	4. 职工教育经费支出				
15	5. 工会经费支出				
16	6. 业务招待费支出				
17	7. 广告费和业务宣传费支出				
18	8. 捐赠支出				
19	9. 利息支出				
20	10. 住房公积金				
21	11. 罚金、罚款和被没收财物的损失				
22	12. 税收滞纳金				
23	13. 赞助支出				
24	14. 补充养老保险、补充医疗保险				
25	15. 与取得收入无关的支出				
26	16. 不征税收入用于支出所形成的费用				
27	17. 加计扣除				
28	18. 其他				
29	三、资产类调整项目				
30	1. 财产损失（坏账损失）				
31	2. 固定资产折旧				
32	3. 长期待摊费用的摊销				
33	4. 投资转让、处置所得				
34	5. 其他				
35	四、准备金调整项目				
36	五、房地产企业预售收入计算的预计利润				
37	六、特别纳税调整应税所得				
38	七、其他				
39	合计				

五、会计报表附注模板

×××公司××××年会计报表注释

一、公司的基本情况

成立时间，股东组成、经营范围。

二、公司采用的主要会计政策

1. 会计制度

本公司执行《企业会计准则》及其补充规定。

2. 会计年度

本公司会计年度自公历 1 月 1 日起至 12 月 31 日止。

3. 记账本位币

本公司以人民币（RMB）为记账本位币。

4. 记账基础和计价原则

本公司以权责发生制为记账基础，以历史成本法为计价原则。

5. 外币业务的核算

公司发生的外币业务，按业务发生时中国人民银行公布的市场汇价之中间价折合为人民币记账，同时登记外币金额。期末各外币账户余额按期末市场外汇牌价中间价进行调整，由此产生的汇率差异属于资本性支出的计入相关资产的价值，属于收益性支出的计入当期损益，属于筹建期间的计入长期待摊费用。

6. 现金等价物的确定

现金等价物是指公司持有的期限短（一般是指从购买日起三个月内到期）、流动性强、易于转换为已知金额的现金、价值变动风险很小的投资。

7. 短期投资核算方法

（1）短期投资的计价。公司短期投资按实际支付的价款记账，如实际支付的价款中包含已宣告发放但未领取的现金股利或利息扣除后核算。

（2）短期投资收益的确认。短期投资处置时，按实际收到的价款扣除短期投资的实际成本及未领取的现金股利、利息后的差额确认为投资收益。短期投资持有期间所收到的现金股利、利息等收益，不确认投资收益，作为冲减短期投资账面价值处理。

（3）短期投资跌价准备。期末短期投资按实际成本与市价孰低法计价，并按单项计提短期投资准备。

8. 坏账核算方法

（1）计提坏账准备的范围。包括应收账款和其他应收款。公司的预付账款，如有确凿证据表明其不符合预付账款性质，或者因供货单位破产、撤销等原因已无望再收到所购货物的，将原计入预付账款转入其他应收款，并按规定计提坏账准备。公司持有的未到期应收票据，如有确凿证据证明不能够收回或收回的可能性不大时，将其账面余额转入应收账款，并计提相应的坏账准备。

（2）坏账的确认标准：

①因债务人破产或死亡，以其破产财产或遗产清偿后，仍不能收回的应收款项；

②因债务人资不抵债、现金流量严重不足，或发生严重的自然灾害等导致停产而于短时间内无法偿付债务的，或有其他确凿证据证明应收款项可能发生损失的。

以上确实不能收回的应收款项，根据公司的管理权限，经股东大会或董事会批准后作为坏账损失。

（3）坏账核算的方法：备抵法。

（4）坏账准备的计提基数、计提方法和计提比例。

①坏账准备的计提基数：公司应收款项的期末余额；

②坏账准备的计提方法：账龄分析法；

③坏账准备的计提比例：

账龄	比例
1 年以内（含 1 年）	
1～2 年（含 2 年）	
2～3 年（含 3 年）	
3～4 年（含 4 年）	
4～5 年（含 5 年）	
5 年以上	

④特殊情况。除有确凿证据表明应收款项不能收回或收回的可能性不大外，但有下列情况的应收款项，不全额提取坏账准备：当年发生的应收款项；计划对应收款项进行债务重组，或以其他方式进行重组的；与关联方发生的应收款项；其他已逾期，但无确凿证据表明不能收回的应收款项。

9. 存货核算方法

（1）存货的分类。公司存货分为原材料、包装物、低值易耗品、委托加工材料、在产品及自制半成品、产成品等。

（2）存货的计价。各种存货均按取得时的实际成本记账，发出时采用逐月加权平均法计价。低值易耗品、包装物在领用时按一次摊销法摊销。

（3）存货跌价准备。公司期末存货按成本与可变现净值孰低的原则对存货按单项计提存货跌价准备，同时计入当期损益。当存在下列情况之一时，应当计提存货跌价准备：

①市价持续下跌，并且在可预见的未来无回升的希望；

②公司使用该项原材料生产的产品的成本大于产品的销售价格；

③公司因产品更新换代，原有库存原材料已不适应新产品的需要，而该原材料的市场价格又低于其账面成本；

④因公司所提供的产品过时或消费者偏好改变而使市场的需求发生变化，导致市场价格逐渐下跌；

⑤其他足以证明该项存货实质上已发生减值的情形。

（4）存货的盘点制度：公司存货的盘存采用永续盘存制。

10. 长期投资核算方法

（1）长期股权投资。公司对外股权投资按实际支付的价款记账，占被投资单位有表决权资本总额20%或20%以上，或虽投资不足20%但有重大影响，采用权益法核算；占被投资单位有表决权资本总额20%以下，或虽占20%或20%以上，但不具重大影响，则采用成本法核算。

（2）长期股权投资差额。公司长期投资采用权益法核算时，初始成本大于其在被投资单位所有者权益中所占份额之间的差额，计入长期股权投资差额，按投资项目的投资期限，在投资期内平均摊销；没有投资期限的，按10年期平均摊销，计入损益。初始投资成本小于其在被投资单位所有者权益中所占份额之间的差额，计入资本公积。

（3）长期债权投资。公司长期债权投资按实际支付的价款扣除支付的税金、手续费等附加费用以及应计利息后的差额作为实际成本，实际成本与债券面值的差额作为溢价或折价在债券存续期内按直线法摊销。

（4）长期投资减值准备的确认标准及计提方法。公司对被投资单位由于市价持续下跌或被投资单位经营状况恶化等原因导致其可回收金额低于账面价值，期末按可回收金额低于长期投资账面价值的差额计提长期投资减值准备。

11. 委托贷款的核算

委托贷款视同短期投资进行核算。委托贷款应按合同定期计提利息，计入损益；按期计提的利息到付息期不能收回的，停止计提利息，并冲回原已计提的利息。期末按委托贷款本金与可收回金额孰低计量，并按可收回金额低于委托贷款本金的差额，计提减值准备。

12. 固定资产及其折旧

固定资产的计价标准为单位价值较高，使用年限在一年以上的资产。

购置的不需要经过建造过程即可使用的固定资产按实际支付的买价、包装费、运输费、安装成本、交纳的有关税金等，作为入账价值。

自行建造的固定资产，按建造该项资产达到预定可使用状态前所发生的全部支出作为入账价值。

投资者投入的固定资产，按投资各方确认的价值作为入账价值。

融资租入的固定资产，按租赁开始日租赁资产的原账面价值与最低租赁付款额的现值两者中较低者，作为入账价值。

固定资产折旧方法：根据固定资产原值、扣除5%的残值按预计使用年限，采用直线法分类计提。

固定资产的分类、经济使用年限、年折旧率列示如下：

类别	折旧年限	年折旧率
房屋及建筑物		
专用设备		
通用设备		
运输设备		
电子及办公设备		

固定资产减值准备的确认标准及计提方法：公司因固定资产重置价值持续下跌或技术陈旧等原因导致其期末可收回金额低于账面价值，按低于账面价值的差额计提固定资产减值准备。固定资产减值准备按单项资产计提。对存在下列情况之一的固定资产，全额计提减值准备：

①长期闲置不用，在可预见的未来不会再使用，且已无转让价值的固定资产；

②由于技术进步等原因，已不可使用的固定资产；

③虽然固定资产尚可使用，但使用后产生大量不合格品的固定资产；

④已遭毁损，以至于不再具有使用价值和转让价值的固定资产；

⑤其他实质上不能给公司带来经济效益的固定资产。

已全额计提减值准备的固定资产不再计提折旧。

13. 在建工程的核算

在建工程采用成本法核算。在固定资产达到可使用状态前发生的工程借款利息和有关费用计入在建工程。交付使用但尚未竣工决算先估价入固定资产，待完工验收并办理好竣工决算时正式转为固定资产。

对在建工程长期停建，并且预计在 3 年内不会重新开工的；所建项目无论在性能上，还是在技术上已经落后，并且给企业带来的经济利益具有很大的不确定性；在期末计提在建工程减值准备。

14. 借款费用资本化核算方法

借款费用是指企业因借款而发生的利息、折价或溢价的摊销和辅助费用，以及因外币借款而发生的汇兑差额。因专门借款而发生的利息、折价或溢价的摊销和汇兑差额，在同时符合以下规定的资本化条件的情况下，应当予以资本化：

①资产支出已经发生；

②借款费用已经发生；

③为使资产达到预定可使用状态所必要的购建活动已经开始。

（2）资本化金额的确定：

应予利息资本化的会计期间资本化金额，等于至当期末止购建固定资产累计支出加权平均数与资本化率的乘积。

资本化的确定：

①为购建固定资产只借入一笔专门借款，资本化率为该借款的利率；

②为购建固定资产借入一笔以上的专门借款，资本化率为这些借款的加权平均利率。

15. 无形资产计价、摊销及计提减值准备的方法

对购入或按法律程序申请取得的无形资产，按实际支付金额入账，对接受投资转入的无形资产，按合同约定或评估确认的价值入账，无形资产在其有效使用期内按直线法摊销。

本公司无形资产摊销年限按如下原则确定：

（1）规定收益年限但法律没有规定有效年限的，摊销年限不超过合同规定的收益年限；

（2）合同没有规定收益年限但法律规定有效年限的，摊销年限不超过法律规定的有效年限；

（3）合同规定了收益年限，法律也规定了收益年限的，摊销年限不超过收益年限和有效年限二者之中较短者。

如果合同没有规定收益年限，法律也没有规定有效年限的，摊销年限不超过10年。

期末对无形资产逐项检查，如果存在：①某项无形资产已被其他新技术所代替，使其对企业创造经济利益的能力受到重大不利影响；②某项无形资产的市价在当期大幅下跌，在剩余摊销年限内不会恢复；③某项无形资产已超过法律保护期限，但仍然具有部分使用价值；④其他足以证明某项无形资产已经发生减值的情形，则对无形资产可收回金额低于其账面价值的部分计提减值准备，提取时按单项无形资产的账面价值高于可收回金额的差额确定，计入当期损益。

16. 长期待摊费用及其摊销

长期待摊费用按实际成本计价，在收益年限内采用直线法平均摊销。公司在筹建期间内发生的开办费用在开始生产经营的当月起一次计入开始生产经营当月的损益。

17. 应付债券的计价及摊销

按照公司实际的发行价格总额计价，债券发行价格总额与债券面值总额的差额，作为债券溢价或折价，在债券的存续期间内按直线法于计提利息时摊销。

18. 收入确认的标准

（1）销售商品的收入，在同时满足下列条件时予以确认：

①公司已将商品所有权上的主要风险和报酬转移给买方；

②公司既没有保留通常与所有权相联系的继续管理权，也没有对已售出的商品实施控制；

③与交易相关的经济利益能够流入企业；

④相关的收入和成本能够可靠地计量。

（2）提供劳务的收入，在同时满足下列条件时予以确认：

①劳务总收入和总成本能够可靠地计量；

②与交易相关的经济利益能够流入企业；

③劳务的完成程度能够可靠地确定。

（3）让渡资产使用权的收入，在同时满足下列条件时予以确认：

①与交易相关的经济利益能够流入企业；

②收入的金额能够可靠地计量。

19. 会计政策及会计估计变更的原因及内容

公司的会计政策与会计估计变更依据及会计处理方法执行财会字〔1998〕28号《关于印发〈企业会计准则——会计政策、会计估计变更和会计差错更正〉的通知》。

三、税项

1. 企业所得税

企业所得税采用资产负债表债务。

2. 流转税及附加

本公司流转税及附加包括增值税、城市维护建设税及教育费附加。本公司被认定为增值税一般纳税人，增值税税率为17%；城市维护建设税按应纳增值税税额的7%计缴；教育费附加按应纳增值税税额的3%计缴。地方教育费附加按应纳增值税税额的1%计缴。

3. 其他税项

其他税项包括房产税、车船使用税、印花税等，依据税务有关规定计缴。

四、会计报表主要项目注释

以下项目如无特别指出，金额单位为元。

1. 货币资金（见表15）

表15　货币资金

项目	期初数	期末数
现金		
银行存款		
合计		

2. 应收票据（见表16）

表16　应收票据

出票单位	出票日期	到期日	金额	备注
合计				

3. 应收账款（见表17）

表17　应收账款

账龄	期初数			期末数		
	金额	比例	坏账准备	金额	比例	坏账准备
1年以内						
1~2年						
2~3年						
3年以上						
合计						

列示前10名的单位名称及金额。

4. 其他应收款（见表 18）

表 18 其他应收款

账龄	期初数			期末数		
	金额	比例	坏账准备	金额	比例	坏账准备
1 年以内						
1～2 年						
2～3 年						
3 年以上						
合计						

列示前 10 名的单位名称及金额。

5. 存货（见表 19）

表 19 存货

项目	期初数		期末数	
	金额	跌价准备	金额	跌价准备
库存商品				
原材料				
在产品				
低值易耗品				
合计				

列示存货质押情况。

6. 长期投资（见表 20）

表 20 长期投资

类别	期初数	本期增加	本期减少	期末数
××公司				
××公司				
合计				

7. 固定资产及累计折旧（见表21至表23）

表21 原值

（1）原值	期初数	本期增加	本期减少	期末数
房屋及建筑物				
通用设备				
运输设备				
电子及办公设备				
合计				

表22 累计折旧

（2）累计折旧	期初数	本期增加	本期减少	期末数
房屋及建筑物				
通用设备				
运输设备				
电子及办公设备				
合计				

表23 固定资产减值准备

（3）固定资产减值准备	期初数	本期增加	本期减少	期末数
房屋及建筑物				
通用设备				
运输设备				
电子及办公设备				
合计				
固定资产净值				

列示固定资产抵押情况。

8. 在建工程（见表24）

表24 在建工程

工程项目名称	期初数	本期增加	本期转出	期末数	资金来源
合　　计					

列示在建工程抵押情况。

9. 无形资产（见表25）

表25 无形资产

类别	原始金额	取得方式	期初数	本期增加	本期摊销	累计摊销	期末数	剩余摊销年限（月）
合计								

10. 短期借款（见表26）

表26 短期借款

借款类别	期初数	期末数
合　　计		

11. 应付账款（见表27）

表27 应付账款

账龄	期初数			期末数		
	金额	比例	坏账准备	金额	比例	坏账准备
1年以内						
1~2年						
2~3年						
3年以上						
合计						

列示前10名的单位名称及金额。

12. 其他应付款（见表28）

表28 其他应付款

账龄	期初数			期末数		
	金额	比例	坏账准备	金额	比例	坏账准备
1年以内						
1~2年						
2~3年						
3年以上						
合计						

列示前10名的单位名称及金额。

13. 应交税费（见表29）

表29 应交税费

税种	期初数	期末数
合计		

14. 实收资本（见表30）

表30 实收资本

投资者	期初数	期末数
合　　计		

15. 未分配利润（见表31）

表31 未分配利润

项目	期初数	本期净利润	本期减少	期末数
未分配利润				

16. 主营业务收入（见表32）

表32 主营业务收入

业务内容	本年数	上年数
××产品		
合计		

17. 主营业务成本（见表33）

表33 主营业务成本

业务内容	本年数	上年数
××产品		
合计		

18. 营业费用（见表34）

表34 营业费用

项目	本年数	上年数
工资及福利		
运杂费		
合计		

19. 管理费用（见表35）

表35 管理费用

项目	本年数	上年数
工资及福利		
办公费		
业务招待费		
合计		

20. 财务费用（见表36）

表36 财务费用

项目	本年数	上年数
利息收入		
利息支出		
手续费		
合计		

21. 现金流量

货币资金期末余额： 元

货币资金期初余额： 元

货币资金净增加额： 元

其中：经营活动产生的现金流量净额： 元

投资活动产生的现金流量净额： 元

筹资活动产生的现金流量净额： 元

五、关联方关系及其交易

1. 关联方关系（见表37）

表37 关联方关系

企业名称	注册地址	主营业务	与企业关系	经济性质	法定代表人

2. 关联方交易

六、承诺事项（略）

七、或有事项

（1）已贴现商业承兑汇票形成的或有负债。

（2）未决诉讼、仲裁形成的或有负债。

（3）为其他单位提供债务担保形成的或有负债。

八、承诺事项（略）

九、资产负债表日后事项（略）

十、债务重组事项（略）

十一、其他重要事项（略）

×××有限责任公司

年 月 日